Lese- und Rechtschreibschwierigkeiten

Lehrer-Bücherei: Grundschule

Herausgegeben von
Horst Bartnitzky und Reinhold Christiani

Norbert Sommer-Stumpenhorst

Lese- und Rechtschreibschwierigkeiten: vorbeugen und überwinden

•

Von der Legasthenie zur LRS

•

LRS-Diagnose

•

Förderkonzepte
und Übungsmaterialien

Für Christa, Helga und Dieter

 http://www.cornelsen.de

Gedruckt auf chlorfrei gebleichtem
Papier ohne Dioxinbelastung der
Gewässer.

CIP-Titelaufnahme der Deutschen Bibliothek

Sommer, Stumpenhorst: Lese- und Rechtschreibschwierigkeiten: vorbeugen und überwind‹
von der Legasthenie zur LRS, LRS-Diagnose, Förderkonzepte und Übungsmaterialien / Nor
bert Sommer-Stumpenhorst. – Frankfurt am Main: Cornelsen Scriptor, 1991
  (Lehrer-Bücherei: Grundschule)
  ISBN 3-589-05020-9

| 10. | 9. | 8. | 7. | Die letzten Ziffern bezeichnen |
| 05 | 04 | 03 | 02 | Zahl und Jahr der Auflage. |

3., durchgesehene Auflage 1993
© 1991 Cornelsen Verlag Scriptor GmbH & Co. KG, Berlin
Das Werk und seine Teile sind urheberrechtlich geschützt.
Jede Verwertung in anderen als den gesetzlich zugelassenen Fällen
bedarf der vorherigen schriftlichen Einwilligung des Verlags.
Umschlagentwurf: Dieter Kahnert, Berlin
Satz: Computersatz Bonn GmbH, Bonn
Druck und Bindung: Clausen & Bosse GmbH, Leck
Printed in Germany
ISBN 3-589-05020-9
Bestellnummer 50209

Vorwort

Die Geschichte der Legasthenie ist eine Geschichte gemachter Fehler, in der Rechtschreibung, in der Forschung, in der Förderung. Fehler, so sehe ich es heute, sind produktive Lösungen, Annäherungen an ein Ziel. Fehler sind wichtige Lernhilfen. Das gilt für die Kinder, die Lesen und Schreiben lernen, für die Wissenschaftler, die die Lernprozesse untersuchen, und natürlich auch für uns, die wir unterrichten und fördern.

Es lohnt sich, die Geschichte der Legasthenie- und Leseforschung noch einmal anzusehen. Aus den Umwegen ist viel zu lernen. Auch wenn wir vieles noch nicht wissen, so sind wir doch schon ein gutes Stück vorangekommen.

Seit zehn Jahren betreue ich Kinder, bei denen sich während des Lese- und Schreiblernprozesses besondere Schwierigkeiten ergaben. Als Schulpsychologe arbeite ich hierbei eng mit LehrerInnen zusammen, die wie ich auf dem Weg zu effektiven und hilfreichen Förderungen sind. In diesem Buch ziehe ich eine Zwischenbilanz und zeige Hilfen zur Prävention, Diagnose und Förderung auf, die sich in der schulischen Praxis bewährt haben.

In der Arbeit mit den Kindern habe ich viele Umwege eingeschlagen. Dabei habe ich am meisten von jenen Kindern gelernt, bei denen die Förderung nicht glatt verlief. Diesen kleinen Lehrmeistern und allen anderen, von denen ich lernen konnte, gilt mein aufrichtiger Dank. Besonders danke ich dem Wissenschaftler Prof. Dr. Dieter Betz, der mir die Augen für die Komplexität der LRS öffnete, der Therapeutin Dr. Helga Breuninger, die mich einfühlsam machte für das Leiden der Kinder, und meiner Frau, die als Lehrerin die Methoden auf den Teppich des schulisch Machbaren holte.

Beckum, Dezember 1990   *Norbert Sommer-Stumpenhorst*

Inhalt

1.	**Ein langer Weg – von der Legasthenie zur Lese-/Rechtschreibschwäche (LRS)**	9
1.1	Die Zeiten ändern sich	9
1.2	Vom Hilfsschüler zum anerkannten Legastheniker	10
1.3	Die Anerkannten und die anderen	13
1.4	Ursachensuche	16
1.5	Nicht von schlechten Eltern	16
1.6	LehrerInnen mit schlechtem Gewissen	18
1.7	Gestörte und defekte Kinder	20
1.8	Zurück zu den Genen	21
1.9	Risikokinder	23
1.10	Keiner weiß Bescheid	24
1.11	Abschied vom kausalen Denken	25
1.12	„LRS-müde" Lehrer und Lehrerinnen	26
2.	**Grundlagen der neuen LRS-Erlasse**	28
2.1	LRS anstelle von Legasthenie	28
2.2	Die Bedeutung der Rechtschreibung	30
2.3	Die Bedeutung des Lesens	31
2.4	Von der Legasthenie- zur Leseforschung	33
2.5	Voraussetzungen für das Lesen- und Schreibenlernen	36
2.6	Wir lernen nicht mit dem Kopf allein	39
2.7	Das Wirkungsgefüge des Lernens	40
3.	**Woran die LRS-Förderung häufig scheitert**	42
3.1	Die Förderung fängt zu spät an	42
3.2	Konzentration der Förderung auf die Rechtschreibung	44
3.3	Fehlende Stellen für LehrerInnen	45
3.4	Förderkurse werden wegorganisiert	45
3.5	Der Legasthenie-Stempel	46
3.6	Unterschätzung der Förderdauer	49
3.7	Zu große Fördergruppen	49
3.8	Die Förderung endet zu früh	50
3.9	Die LRS-Förderung geht jede Schule an	51
4.	**Die Analyse der Lernschwierigkeiten**	52
4.1	Analyse des Bedingungsgefüges	52
4.2	So genau wie nötig	55
4.3	Kontinuierliche Beobachtung	56
4.4	Informelle Verfahren	58

4.5	Gezielte Beobachtung	61
4.6	Funktionsproben	65
4.7	Standardisierte Verfahren	68

5. **Die Förderung der Lernvoraussetzungen** 71

5.1	Alles ist wichtig – aber manches ist wichtiger	71
5.2	Der Sinn des Schreibens	72
5.3	Lese- und Schreiblernvoraussetzungen	76
5.4	Hilfe zur Selbsthilfe geben	81
5.5	Lern- und Arbeitsstrategien	84
5.6	Umgang mit Angst und Mißerfolg	86
5.7	Fehlende Motivation	91

6. **Leseübungen** 95

6.1	Lesenlernen Schritt für Schritt	95
6.2	Die beste Methode ist gerade gut genug	97
6.3	(Schrift)sprachliche Durchgliederung	99
6.4	Wörter lesen – Wörter erlesen	101
6.5	Sequentielle Verarbeitung – Wörter erlesen	103
6.6	Simultane Verarbeitung – Wörter lesen	106

7. **Rechtschreibübungen** 108

7.1	Lücken abbauen – Schritt für Schritt	108
7.2	Die besten Methoden sind gerade gut genug	110
7.3	Spezifische Schreibstrategien	113
7.4	Übungen im Grundwortschatz	118
7.5	Verbesserung des Schriftsprachgefühls	124
7.6	Korrekturstrategien	127

Anhang		130
A	Das Wirkungsgefüge des Lernens	130
B	Standardisierte Untersuchungsverfahren	135
C	Verwendete Literatur – Quellenangaben	137

1. Ein langer Weg – von der Legasthenie zur Lese-/Rechtschreibschwäche (LRS)

1.1 Die Zeiten ändern sich

Die Eltern halten ihren Sohn Franz für ein pfiffiges Kerlchen. Schon früh hat er sie mit klugen Fragen verblüfft, und von technischen Dingen versteht er mehr als alle anderen in der Familie. Er konnte schon zählen und rechnen, konnte eine Mühle bis in Detail zeichnen, da war er noch keine fünf Jahre alt.

Doch Franz sitzt auch der Schalk im Nacken. Wenn im Dorf irgendwem ein Streich gespielt wird, irgend etwas los ist, Franz ist mit Sicherheit dabei. Durch sein freundliches, fröhliches Wesen schafft er es immer wieder, daß ihm keiner so richtig böse ist. Seine Einfälle für außergewöhnliche Späße scheinen unerschöpflich zu sein.

Fleißig ist Franz obendrein. Auf dem elterlichen Hof scheut er keine Arbeit und packt an wie ein Zehnjähriger. Für die Eltern ist es keine Frage, daß aus ihrem Jungen einmal etwas Rechtes werden wird. „Er wird einmal die Welt entdecken und das Rad erfinden", sagt der Vater stolz.

Franz kommt in die Schule:

1890: Der Dorfschullehrer mag den interessierten und aufgeweckten Burschen. Im Rechnen und Zeichnen, aber auch in Geographie und Geschichte ist Franz schnell den anderen Schulanfängern weit überlegen. Oft darf er mit den Größeren zusammen rechnen und zeichnen. Mit dem Lesen und Schreiben jedoch hat Franz unerwartet Schwierigkeiten. Noch im dritten Schuljahr sitzt er neben den Anfängern und malt Buchstaben und einfache Wörter. „Irgendwann", so meint der Lehrer, „wird er es schon lernen."

1930: In der ersten Klasse der Volksschule fällt dem Lehrer schon auf, daß Franz Schwierigkeiten beim Lesenlernen hat. Er hilft ihm, er straft ihn, er läßt ihn nachsitzen, zitiert die Eltern zu sich, gibt Strafarbeiten auf. – Nichts scheint bei Franz zu helfen. „Er ist eigensinnig, starrköpfig und dumm", meint der Lehrer und schickt Franz nach drei Jahren zur Hilfsschule.

1960: Daß Franz nur ganz schlecht lesen kann und sein Geschriebenes oft kaum zu entziffern ist, stört die Lehrerin nicht besonders. Viel schlimmer ist es, daß Franz von der ersten bis zur letzten Unterrichtsstunde den Klassenclown spielt. Er macht dreimal mehr Unfug als alle anderen Kinder zusammen. Erst als Franz sitzen bleibt und in die Klasse des strengen Rektors wechselt, hört der Unfug auf. Als Franz, inzwischen vierzehn Jahre alt, aus den Ferien seiner Tante (selbst Lehrerin) einen Brief schreibt, meint diese später entsetzt: „Wie hast du es nur geschafft, mit so schlechten Rechtschreibkenntnissen die 8. Klasse zu erreichen?" „Ich hab' mich halt immer so durchgemogelt" ist die schlichte und ehrliche Antwort.

1975: Ende der 2. Klasse wird ein Rechtschreibtest geschrieben. Franz schneidet miserabel ab. Bei einem weiteren Intelligenztest dagegen gehört er mit zu den Besten. Daraufhin kommt Franz in die Legastheniker-Förderung. An zwei Tagen in der Woche nimmt er in den letzten beiden Unterrichtsstunden an einer besonderen Förderung teil. Sein Lesen bessert sich schnell. Im Rechtschreiben hat Franz nach wie vor große Probleme. Nach der Grundschule wechselt Franz zur Hauptschule. Den Hauptschulabschluß schafft er, abgesehen von der „5" im Fach Deutsch und einer knappen „4" in Englisch, ganz gut.

1990: Schon nach wenigen Wochen Unterricht in der 1. Klasse nimmt die Lehrerin Franz mit drei anderen Kindern in eine Fördergruppe. Hier schreiben sie am Computer ihr eigenes Lesebuch, „unterhalten" sich in einer geheimen Zeichensprache und lösen Kreuzwort- und Bilderrätsel. In der Arbeitsphase im Unterricht (jeden Morgen von 8.15 bis 8.45 Uhr) sitzt Franz mit zwei anderen Kindern am Lesetelefon, arbeitet mit seiner Lernkartei oder malt Wolken und Lokomotiven auf bunte Arbeitsblätter. „Er lernt anders, aber er lernt's" ist die sichere und schlichte Antwort der Lehrerin auf die besorgten Fragen der Eltern.

1.2 Vom Hilfsschüler zum anerkannten Legastheniker

Kinder, die beim Lesenlernen auffallend große Schwierigkeiten haben, hat es schon immer gegeben. Immer wieder waren Kinder dabei, denen man diese Schwierigkeiten vorher nicht zugetraut hätte, die ansonsten eher pfiffig und an allem interessiert waren.

Ende des vorigen Jahrhunderts waren es zunächst Mediziner (KUSSMAUL 1877, MORGAN 1896, HINSHELWOOD 1900), die auf dieses seltsame Phänomen aufmerksam machten. Sie sprachen von „Wortblindheit". Legte man Erwachsenen Bilder vor, so konnten sie die Gegenstände eindeutig benennen. Bei Buchstaben und einfachen Wörtern hatten sie jedoch allergrößte Schwierigkeiten.

1928: Legasthenie ist ein Hinweis für eine Sonderschulbedürftigkeit

Als erster Pädagoge untersuchte RANSCHBURG (1916, 1928) Schulkinder mit Lese- und Schreibschwächen. Er prägte den Begriff der Legasthenie. Die Ergebnisse seiner Beobachtungen faßte er 1916 in seiner berühmt gewordenen Schrift „Die Leseschwäche (Legasthenie) und Rechenschwäche (Arithmasthenie) der Schulkinder im Lichte des Experimentes" zusammen. Die Leseschwäche war für RANSCHBURG Ausdruck einer „nachhaltigen Rückständigkeit höheren Grades in der geistigen Entwicklung des Kindes" (1928, S. 89).

Das Schicksal vieler Legastheniker in den ersten siebzig Jahren unseres Jahrhunderts war damit besiegelt. Im Klartext bedeutete die Einschätzung von RANSCHBURG: SchülerInnen, die besondere Schwierigkeiten beim Erlernen des Lesens haben, sind in ihrer geistigen Entwicklung so weit zurück, daß sie nur auf einer Hilfsschule hinreichend gefördert werden können. Bis in die sechziger Jahre hinein war die mangelnde Lesefertigkeit ein besonderes Kriterium für die Überweisung auf eine Hilfsschule (später Schule für Lernbehinderte).

Die Fehleinschätzungen, die sich aus den Untersuchungen von RANSCHBURG ergaben, wirken sich bis in die heutige Zeit hinein für viele SchülerInnen verhängnisvoll aus. In Diskussionen mit GymnasiallehrerInnen ist noch heute zu hören: „Legasthenie ist für das Gymnasium kein Thema. Ein Kind, das nicht Lesen oder Schreiben kann, gehört nicht aufs Gymnasium. Da können wir ja gleich das dreigliedrige Schulsystem abschaffen!" In weiten Kreisen der Bevölkerung werden Erwachsene, die nicht lesen können, für dumm gehalten. Dieses Vorurteil ist es, warum sich erwachsene Analphabeten verstecken und verstellen und sich nur vorsichtig in die Analphabetenkurse der Volkshochschulen trauen.

1951: Legastheniker sind nicht dumm, sondern oft hoch begabt

Die Isolierung Deutschlands zwischen 1930 und 1945 sorgte dafür, daß andere Einschätzungen und Untersuchungen der Legasthenie bei uns nicht bekannt wurden. Erst 1951 brachte die Schweizer Psychologin M. LINDER die Diskussion um die Legasthenie wieder ins Rollen. Um die Behauptung RANSCHBURGs zu widerlegen, untersuchte sie die Intelligenz von SchülerInnen mit Leseschwächen. Dabei kam sie zu der (für den deutschsprachigen Raum sensationellen) Feststellung, daß Kinder mit Leseschwächen in der Regel durchschnittlich bis überdurchschnittlich intelligent sind. Insbesondere um die Legastheniker vom Stigma des dummen Hilfsschülers zu befreien, definierte LINDER: „Legasthenie ist eine spezielle und aus dem Rahmen der übrigen Leistungen fallende Schwäche im Erlernen des Lesens (und indirekt auch des selbständigen orthographischen Schreibens) bei sonst intakter oder (im Verhältnis zur Lesefähigkeit) relativ guter Intelligenz."

LINDERS großes Verdienst ist es, die lese-/rechtschreibschwachen SchülerInnen aus der Isolation in den Sonderschulen herausgeholt und eine breite Öffentlichkeit auf die Probleme von Legasthenikern aufmerksam gemacht zu haben. Ihre Definition der Legasthenie als Teilleistungsschwäche bei sonst guter Intelligenz räumte mit dem damals gängigen Vorurteil auf: Wer nicht Lesen lernt, ist dumm.

Von nun an riß die Diskussion um die Legasthenie in der Bundesrepublik nicht mehr ab. Wissenschaftler und Eltern betroffener Kinder bildeten eine immer stärker werdende Lobby, auf die auch die Kultusministerien Rücksicht nehmen mußten. Immerhin brauchte der Kultusminister in Nordrhein-Westfalen noch über zwanzig Jahre, bevor er 1973 festlegte, daß diese „partielle Lernschwäche ... allein keine Sonderschulbedürftigkeit eines Schülers zur Folge" haben darf. 57 Jahre nach RANSCHBURG kam für viele diese Rehabilitierung zu spät.

Nach LINDER wurde das Problem der SchülerInnen mit Leseschwächen von den Hilfsschulen an die Volksschulen (später Grundschulen) abgegeben. Doch wer war nun sonderschulbedürftig und wer Legastheniker? Das Problem schien getreu der Definition von LINDER schnell gelöst: Legastheniker ist, wer Schwierigkeiten beim Lesen- und Schreibenlernen hat und zugleich mindestens durchschnittlich intelligent ist.

1970: Legasthenie, wenn IQ >85 und Rechtschreibleistung <PR 15

Und wie groß dürfen die Schwierigkeiten sein? Hierauf wurde im Fernstudienlehrgang „Legasthenie" (ANGERMEIER 1974 b) eine Antwort gefunden, die zu verheerenden Folgen in der Schule führte: „Wir bezeichnen Kinder mit einem Prozentrang von 15 und weniger in einem Lese- und/oder Rechtschreibtest als Legastheniker, wenn ihre Intelligenz mindestens durchschnittlich ist. Als mindestens durchschnittliche Intelligenz gilt ein IQ von 90 und darüber, wobei der Standardmeßfehler zu berücksichtigen ist, so daß als untere IQ-Grenze etwa 85 anzusehen ist."

Nichts an dieser Definition, die zahlreichen LehrerInnen in „Legasthenie-Fortbildungen" vermittelt wurde, ist wissenschaftlich haltbar. Völlig unqualifiziert ist der Vergleich von Prozentrang und IQ-Punkten. Es ist so, als würde man Kubikzentimeter mit Kilogramm gleichsetzen. Das stimmt schließlich nur in einem Fall, beim Wasser. Wenn ich aber eine Flüssigkeit mit einem festen Stoff vergleichen will, muß ich mich auf eine für beide gültige Maßeinheit festlegen. Die gemeinsame Maßeinheit für Testverfahren ist der T-Wert.

Auch wird völlig außer Acht gelassen, daß der Begriff Intelligenz selbst ein verfahrensbezogenes Konstrukt ist. Es gibt nicht die Intelligenz! Wir können allenfalls von einer HAWIK-Intelligenz, einer Bildertest- oder CFT-Intelligenz sprechen. Die eine Intelligenz läßt sich mit der anderen vergleichen, aber nicht gleichsetzen! Auch der Standardmeßfehler ist von Verfahren zu Verfahren verschieden definiert. Hier werden Äpfel mit Vögeln verglichen (welcher Apfel und welcher Vogel?).

Viel wichtiger aber ist die Kritik an den angegebenen Eckwerten (Prozentrang 15 für die Leseleistung und mindestens IQ 85). Diese Eckdaten können durch keine Untersuchung abgesichert werden. Das war auch gar nicht beabsichtigt. Es sind bewußt willkürliche Festlegungen. „... man wird die Grenzwerte so festsetzen müssen, daß ein wünschbarer Prozentsatz von Legasthenikern resultiert. Denn es hat ja keinen Sinn, diese Grenzwerte so festzulegen, daß man mehr Legastheniker erhält, als im Rahmen der Schule zu fördern sind." (ANGERMEIER 1976, S. 346)

Aber vielleicht war es gerade dieser zweite Satz, der die Definition von ANGERMEIER für einen Erlaß und die Schule so ergiebig machte.

1.3 Die Anerkannten und die anderen

Fast alle Bundesländer übernahmen in ihren ersten LRS-Erlassen die Definition von LINDER. Lediglich Nordrhein-Westfalen bildete hier eine Ausnahme. Der Erlaß kam zwar erst spät (1973), dafür war er aber damals seiner Zeit weit voraus. Er nahm die Argumente der in den siebziger Jahren einsetzenden „Anti-Legasthenie-Bewegung" (SCHLEE 1974, SIRCH 1975) bereits vorweg.

Nordrhein-Westfalen:
Isolierte Lese-/Rechtschreibschwäche, unterdurchschnittliche Rechtschreibleistungen bei durchschnittlichen sonstigen Schulleistungen

Der LRS-Erlaß in Nordrhein-Westfalen spricht nicht von „Legasthenie", sondern von Schülerinnen und Schülern mit „isolierter Lese-/Rechtschreibschwäche". Er definiert nicht in Anlehnung an die Intelligenz, sondern an die Schulleistungen: „Unter Schülern, bei denen Schwächen beim Erlernen des Lesens und Schreibens, insbesondere des Rechtschreibens auftreten, gibt es einzelne, die eine ausgeprägte und auf diesen Bereich begrenzte Lernschwäche zeigen. Sie fällt aus dem Rahmen der sonstigen schulischen Leistungen des Schülers, die durchschnittlich oder sogar gut sein können."

Leider konnte sich in den Schulen diese dem Problem sehr viel besser entsprechende Definition nicht durchsetzten. Entgegen dem Sinne des Erlasses sah und sieht die Praxis der Selektion anders aus. Der Kultusminister machte damals den entscheidenden Fehler, seine LehrerInnen mit Hilfe des Fernstudienlehrganges „Legasthenie" (LINDER u. VALTIN) fortbilden zu lassen. Hier aber standen die Definitionen von LINDER und ANGERMEIER. Die Entwicklung der Legasthenie in Nordrhein-Westfalen ist ein gutes Beispiel dafür, wie ein zu seiner Zeit guter Erlaß durch eine Lehrerfortbildung in der Praxis ins Gegenteil verkehrt werden konnte.

Schulische Praxis in den 70ern:
Legastheniker ist, wer im Legasthenietest schlecht abschneidet

In den siebziger Jahren wurden in den meisten Grundschulen Ende der Klasse 2 fragwürdige Intelligenztests und nur unzureichend standardisierte Rechtschreibtests durchgeführt. Die Ergebnisse dieser Testung entschieden dann über die Teilnahme an einem LRS-Förderkurs. Wer das Glück hatte und bei dem entsprechenden Intelligenztest gut abschnitt, wurde als Legastheniker anerkannt. Wer beim Intelligenztest einen schlechten und beim Rechtschreibtest einen guten Tag erwischt hatte, dem blieb oftmals die besondere Förderung versagt. In vielen Schulen entstand eine Zwei-Klassen-Gesellschaft: die Anerkannten und die anderen.

Für die meisten LehrerInnen war es auf Dauer unbefriedigend, die Zuweisung einer SchülerIn zum LRS-Förderkurs von einer einmaligen Testung abhängig zu machen. Mit einem „schlechten Gewissen" (darf ich das denn?) wiesen sie auch solche SchülerInnen in die Förderung, die beim „Legasthenie-Test" zu gut oder zu schlecht abgeschnitten hatten.

Die neuen LRS-Erlasse müssen in diesem Punkt Klarheit schaffen. Es ist legitim, daß sich die Interessenvertreter der Legastheniker (die Landesverbände und der Bundesverband Legasthenie) dafür einsetzen, daß ihr Klientel, die „klassischen Legastheniker", in den Genuß einer besonderen Förderung kommen. Die Schule muß jedoch alle SchülerInnen mit Lese-/Rechtschreibschwierigkeiten sehen.

> Alle Kinder mit Schwierigkeiten beim Erlernen des Lesens und der Rechtschreibung haben ein Recht auf eine gezielte und qualifizierte Förderung!

Von diesem Grundsatz ausgehend wird jede Definition der Legasthenie für die schulische Praxis (und natürlich auch für LRS-Erlasse) überflüssig. Wenn alle lese-/rechtschreibschwachen SchülerInnen besonders gefördert werden müssen, dann ist die Schülerleistung zugleich auch das Selektionskriterium. Hierfür brauchen wir keinen Rechtschreib- und schon gar keinen zweifelhaften Intelligenztest.

KMK-Empfehlung:
Förderung von Schülern mit besonderen Schwierigkeiten beim Erlernen des Lesens und Rechtschreibens

Auf genau diesen Standpunkt einigten sich bereits 1978 die Kultusminister in einer KMK-Empfehlung zur „Förderung von Schülern mit besonderen Schwierigkeiten beim Erlernen des Lesens und des Rechtschreibens". Die nordrhein-westfälischen Ansichten setzten sich hier weitgehend durch. In dieser Empfehlung wird nicht von Legasthenikern, sondern von Schülern mit „besonderen Schwierigkeiten im Lesen und Rechtschreiben" gesprochen. Und definiert werden sie operational über die Lese- und Rechtschreibleistungen: „Besondere Fördermaßnahmen sollen für Schüler vorgesehen werden, die die Ziele des Lese- und/oder Rechtschreibunterrichts der Jahrgangsstufe 2 noch nicht erreicht haben, sowie für Schüler der Jahrgangsstufen 3 und 4, deren Leistungen im Lesen und/oder Rechtschreiben über einen Zeitraum von mindestens drei Monaten hinweg schlechter als ausreichend bewertet werden."

Wieder dauerte es viele Jahre, bis diese Empfehlung in neuen LRS-Erlassen Eingang fand. Das Schlußlicht bildete hier Nordrhein-Westfalen. Das lag nicht allein am Kultusminister, sondern auch daran, daß sich viele Legasthenie-Lobbyisten nicht damit abfinden konnten, daß die Sonderstellung „des Legasthenikers" aufgegeben werden sollte. Und vielleicht ist es besser, ein Erlaß kommt spät und ist dafür gut, als so früh wie in Schleswig-Holstein. Hier heißt es im neuen Erlaß von 1985: „Eine Legasthenie liegt vor, wenn bei mindestens durchschnittlicher Intelligenz erhebliche Ausfälle im Lesen und/oder in der Rechtschreibung auftreten". So bleibt die Zwei-Klassen-Förderung erhalten – denen da oben.

1.4 Ursachensuche

Für die schulische Förderung ist es nur von geringer Bedeutung zu wissen, was Legasthenie ist und wer ein „echter" Legastheniker ist. Die Schule (und insbesondere die Grundschule) hat den Auftrag, Kinder das Lesen und Schreiben zu lehren – und zwar allen! Aussonderungen einiger weniger haben den anderen nicht geholfen.

Die Testung von LRS-SchülerInnen als Selektionsverfahren ist irreführend und überflüssig. LRS-Diagnose macht nur einen Sinn, wenn sich hierdurch die Förderung verbessert.

„Fördermaßnahmen haben größere Aussichten auf Erfolg, wenn die Ursachen der Lernschwierigkeiten erkannt sind." (KMK-Empfehlung 1978) Das ist leicht gesagt. Aber welche Ursachen sind denn bekannt?

Ursache 1910 bis 1950: kognitive Retardierung

Zu RANSCHBURGs Zeiten war es noch ganz einfach: Es liegt eine allgemeine kognitive Retardierung vor. Legastheniker sind halt dumm – Punkt. Mit LINDERs Untersuchungen wurde auf einmal alles viel komplizierter. Wenn die Legastheniker durchschnittlich intelligent sind, woran liegt es dann, daß sie nicht das Lesen lernen?

Wie schon viel früher im skandinavischen und angloamerikanischen Sprachraum, so setzte nach 1950 auch in Deutschland und Österreich eine intensive Suche nach den Ursachen der Legasthenie ein. Man muß die junge deutsche Geschichte kennen, um zu verstehen, warum im deutschsprachigen Raum zunächst völlig andere Ursachen ausgemacht wurden als in den Vereinigten Staaten.

1.5 Nicht von schlechten Eltern

In den Jahren der Hitler-Diktatur war Deutschland von den wissenschaftlichen Forschungen im Ausland weitgehend abgeschnitten. Eine Legasthenie-Forschung fand hierzulande nicht statt. Die nationalsozialistische Propaganda veränderte das Bewußtsein der Menschen nachhaltiger, als wir dies nach dem verlorenen Krieg wahrhaben wollten.

Ursache 1950 bis 1970: Erziehung und Milieu

Wer die jüngere deutsche Geschichte kennt, der wundert sich nicht, daß in den 50er und 60er Jahren Legasthenie bei uns zunächst vornehmlich eine sozioökonomische Störung war. Vererbung kam bei Ariern nicht in Betracht, alles war Erziehungssache. Noch ANGERMEIER schrieb in seinem für viele „Legasthenie-LehrerInnen" zum Lehrbuch gewordenen Buch „Legasthenie" (1976, S. 76): Legasthenie beruht „nicht auf einem vererbten Hirnschaden. . . . Wenn es auch in Wirklichkeit schlechterdings unmöglich ist, die Einflüsse der Umwelt und der Vererbung auseinanderzuhalten, gibt es doch gerade im Falle der Legasthenie sehr viele Anhaltspunkte für eine milieutheoretische Erklärung."

Insbesondere die Annahmen über familiäre Ursachen sind oft an den Haaren herbeigezogen und spekulativ. „Wie die Erfahrung in unserer Erziehungsberatungsstelle zeigt, ist Legasthenie in der Regel ein Hinweis auf Konflikte in der Beziehung des Legasthenikers zu seiner Umwelt, speziell in seiner Beziehung zur Familie und der Beziehung der Familie zu ihm." (GRÜTTNER 1980, S. 23) Oder noch toller: „Die Geschwisterrivalität spielt bei der psychischen Entwicklung gerade des legasthenischen Kindes eine besondere Rolle. . . . Besonders anfällig für Legasthenie sind: 1. Jungen als Einzelkinder, 2. Jungen mit einer Zwillingsschwester, 3. Jungen mit einer kleineren Schwester, 4. Jungen mit einer größeren Schwester." (SOMMER 1972, S. 60) Das kann nur ein Scherz sein. Verständlich, daß die Elternverbände gegen diese Zuschreibungen Sturm liefen.

Das heißt nicht, daß aus den Köpfen vieler LehrerInnen diese milieutheoretischen Vorurteile verbannt wurden. Im Gegenteil haben sich diese bis heute gehalten. So ist zu verstehen, daß nicht selten von ihnen das Problem in vielfältiger Weise abgewehrt oder gar an die Eltern „zurück"gegeben wird: besondere Hausaufgaben, Arbeitsblätter und zusätzliche Übungen, die die Kinder zu Hause (mit der Mutter natürlich) bearbeiten sollen. Die Bearbeitung und Lösung des Problems auf „zusätzliche häusliche Übungen" zu verschieben hat seinen Ursprung in diesen alten milieutheoretischen Erklärungen.

Lesen und Schreiben hat noch immer in unserer Gesellschaft einen hohen Stellenwert. Häufig reagieren Eltern auf entsprechende Schwierigkeiten ihres Kindes ratlos und empfindlich. Wer bei seinem eigenen Kind erlebt hat, wie es sich nachmittags bei den Hausaufgaben quält, auf der Suche nach Anerkennung in der Schule Unfug macht, sich um zusätzliche Übungen herumdrückt, wer immer wieder gesagt bekommt: „Sie müssen mit Ihrem Kind mehr üben!" oder „Ihrem Kind fehlt Selbstvertrauen und Zuwendung", versteht, warum Eltern in diesem Punkt empfindlich reagieren.

Die vielzitierten Untersuchungen von Valtin (MALMQUIST und VAL-
TIN 1974, S. 91 ff.) kommen zu dem Schluß, daß es signifikante Zusammenhänge gibt zwischen der Lesefertigkeit eines Kindes und
- der Schulbildung der Eltern,
- der Zugehörigkeit zu einer bestimmten Sozialgruppe,
- der Zahl der Bücher im Hause,
- dem geschätzten Gesamteinkommen der Eltern,
- der Zahl der Zimmer im Hause
- und der Möglichkeit des Kindes, über ein eigenes Zimmer zu verfügen.

> Die nachgewiesenen Zusammenhänge zwischen dem sozialen Milieu
> und Lese-/Rechtschreibschwächen sind plausibel – Ursachen sind es
> jedoch nicht!

Und ist es nicht Aufgabe der Schule, jedem Kind das Lesen beizubringen,
auch dann, wenn es kein eigenes Zimmer zu Hause zur Verfügung hat, die
Eltern keine Bücher lesen und nur über ein geringes Einkommen verfügen?
Natürlich ist das schwieriger, aber doch nicht unmöglich!
    Die KMK-Empfehlung von 1978 stellt fest: „Das Lesen und Schreiben zu
lehren gehört . . . zu den Hauptaufgaben der Grundschule, und es ist ihre
pädagogische Aufgabe, dafür zu sorgen, daß möglichst wenige Schüler gegenüber diesen Grundanforderungen versagen." Das gilt auch, wenn die
Kinder aus Familien mit schwierigen sozialen Verhältnissen kommen, auch
dann, wenn die Eltern keine Zeit haben, ihrem Kind bei den Hausaufgaben
zu helfen.

1.6 LehrerInnen mit schlechtem Gewissen

Dem Vorurteil vieler LehrerInnen, daß letztendlich die Familie für das Versagen des Kindes verantwortlich ist, steht ein ebensolches Vorurteil seitens
der Eltern gegenüber. „Sie haben es doch studiert, sie müssen doch wissen,
wie man meinem Kind Lesen und Schreiben beibringen kann!" Und ist es
nicht auch wirklich so, daß ein „ungünstig verlaufener Lese- und Schreiblehrgang in der Grundschule" (LRS-Erlaß von NRW 1973) das Legasthe-
nie-Problem erst schafft?

Ursache 1970 bis 1980: die Schule

Auch zum Umweltfaktor Schule wurden viele Untersuchungen gefertigt. Die heißeste Diskussion entbrannte um die Leselernmethode: Ganzheits- versus synthetische Methode. Der Methodenstreit endete unentschieden. Nach den Untersuchungen in den sechziger Jahren (SCHMALOHR 1964, MÜLLER 1970) ist die eine Methode so gut wie die andere – oder aus heutiger Sicht besser gesagt: ist die eine so schlecht wie die andere!

Alle anderen Untersuchungsergebnisse sind so überflüssig wie plausibel, ähnlich denen der familiären Bedingungen. „In unseren Untersuchungen konnten wir signifikante Zusammenhänge zwischen dem Lebensalter des Lehrers und der Lesefertigkeit der Schüler feststellen. Außerdem erreichten Lehrer mit mehr als 12 Dienstjahren in ihren Klassen signifikant bessere Ergebnisse beim Lesen als Lehrer mit weniger als 12 Dienstjahren. Dagegen war der Zusammenhang zwischen den Kenntnissen und der Lehrbefähigung, gemessen an der Abgangszensur des Lehrerseminars und den Leseleistungen der Schüler, nicht signifikant." (MALMQUIST und VALTIN 1974, S. 100 ff.) Das war's dann auch schon. Doch wen überraschen diese Erkenntnisse?

Es ist keine Frage, daß es LehrerInnen gibt, die schlechten Unterricht machen. Diese Gruppe ist „normalverteilt". Und so gibt es gute und schlechte. Auch ist richtig, daß wir ohne Schule und ohne Schulpflicht keine lese-/rechtschreibschwachen SchülerInnen hätten. (Dann könnten auch nur die wenigsten lesen!) Dennoch ist umgekehrt Schule nicht „die" Ursache der Legasthenie. Es macht keinen Sinn, LehrerInnen permanent ein schlechtes Gewissen einzureden, ihnen immer wieder „durch die Blume" zu sagen: Wenn ihr besseren Unterricht machen würdet, gäbe es das Problem Legasthenie nicht. Insbesondere bei SchulleiterInnen, Schulrätlnnen und noch höheren SchulbeamtInnen schwingen diese und ähnliche Vorstellungen mit, von den Interessenverbänden der Eltern einmal ganz abgesehen.

Die Kultusminister unterliegen einem Irrtum, wenn sie glauben: „Es ist zu erwarten, daß in dem Maße, wie der Erstlese- und Schreibunterricht in den Anfangsjahrgängen der Grundschule systematisch und sachgerecht erteilt wird, die Anzahl derjenigen Schüler sich verringert, die nach der Jahrgangsstufe 2 besonderer Fördermaßnahmen bedürfen." (KMK-Beschluß 1978) Soll das etwa heißen, daß die LehrerInnen an den Grundschulen vor 1978 keinen „systematischen und sachgerechten" Unterricht erteilt haben?

Nein, so stimmt das nicht – im Gegenteil. Überspitzt könnte man Legasthenie genausogut auch so definieren:

> Legastheniker sind solche SchülerInnen, bei denen trotz eines sorgfältig durchgeführten Lese- und Schreiblehrgangs besondere Schwierigkeiten beim Erlernen des Lesens und Rechtschreibens auftreten.

Gerade für diese SchülerInnen brauchen wir einen LRS-Erlaß, gerade diese SchülerInnen benötigen eine qualifizierte Förderung, einen „anderen" Lese- und Schreiblehrgang. Es ist zwar verführerisch, zugleich aber auch trügerisch zu glauben, durch neue Richtlinien oder einen verbesserten Anfangsunterricht könnte man sich des Legasthenie-Problems entledigen.

1.7 Gestörte und defekte Kinder

Es ist nicht verwunderlich, daß die ersten deutschsprachigen Untersuchungen über organische Bedingungen der Legasthenie aus Österreich (SCHENK-DANZINGER) und der Schweiz (WEINSCHENK, GRISSEMANN) kamen. In vielen Untersuchungen in den siebziger Jahren versuchte man, „die" Ursache für die Lese-/Rechtschreibschwäche zu finden. Natürlich wurde heftig gestritten, was denn nun als „eigentliche" Ursache angesehen werden muß: Deutungsschwäche, Gliederungsschwäche, Syntheseschwächen, Speicherschwächen, Raumlagelabilität, Schwäche in der auditiven Diskrimination, Sprachstörungen, gestörte Lateralitätsstruktur, gestörtes Körperschema, Hirnfunktionsstörungen bzw. Störungen in der Hirnentwicklung, Störungen der sensorischen Integration und der neurologischen Organisation sowie erbbedingte bzw. genetische Störungen.

So manche Untersuchung hätte auch einen Preis für kreative Wortschöpfungen verdient. Da ist von Lautnuancentaubheit, von akusto-artikulatorischer Ausgangsbasis, Reihungs- und Transponierungsschwächen, von Feldverflachung und Aufgliederungsschwäche die Rede, von neurotoider LRS, gnostischer Störung, Feindetailbehaltensschwäche und, ein besonders schöner Zungenbrecher: verbosensomotorische Retardierung.

Insbesondere die Amerikaner sind außerordentlich erfinderisch, immer wieder sehr publikumswirksam mit „der" Ursache für die Lese-/Rechtschreibschwäche aufzuwarten. Von Hirnfunktionsstörungen über die Linkshändigkeit bis zu speziellen Sehstörungen ist alles vertreten.

Immer wieder gehen durch die deutschen Medien amerikanische Sensationsmeldungen von „der" Ursache. Erst im April 1989 berichtete D. E. ZIMMER in DIE ZEIT, daß Helen IRLE als eine wesentliche Ursache für die Legasthenie eine spezielle Sehstörung, das Skotopische Sensitivitäts-Syndrom, ausmachen konnte. Bei 74 Prozent der Legastheniker wurde diese Störung festgestellt. Etwa der Hälfte hiervon, so behauptet IRLE, kann durch eine farbige Spezialbrille innerhalb kürzester Zeit (und kostengünstig, ca. 700 DM) geholfen werden. „Die Brille ist kein Wundermittel und wird nicht als solches ausgegeben . . . Wo sie helfen kann, ist die Verbesserung allerdings oft schlagartig und dramatisch." Seit 1983 sind die IRLE-Gläser bekannt. VELLUNTINO, ein guter Kenner der amerikanischen Legasthenie-Forschung, bestritt schon 1985: „Weit verbreitet ist ebenfalls der Irrtum, daß Leseprobleme durch Wahrnehmungsfehler bedingt seien, die mit motorischen und visuomotorischen Fehlern und Defekten des Auges zu tun haben."

Es ist nicht alles unbedingt neu, was über den großen Teich zu uns kommt. Bereits 1984 beschrieb PESTALOZZI (ein Schweizer Augenarzt) spezifische Sehprobleme bei Legasthenikern. Treffender bezeichnete er diese als Astigmatismus (Brechungsanomalie, z. B. durch Hornhautverkrümmung) und Heterophobie (latentes leichtes Schielen). Auch PESTALOZZI schilderte erstaunliche Erfolge mit Spezialbrillen (Prismenbrillen).

Wir müssen vorsichtig sein mit der kritiklosen Übernahme von Sensationsmeldungen und „einfachen" Heilungen der Legasthenie. Selbst wenn die Untersuchungen von IRLE und PESTALOZZI und deren rasche Behandlung durch Spezialbrillen stimmen, so muß dies doch nicht in gleicher Weise auch für die Bundesrepublik gelten. Natürlich muß bei Leseschwierigkeiten grundsätzlich auch an Sehprobleme gedacht werden. Bei uns sehen jedoch die Vorsorgeuntersuchungen ganz anders aus als in anderen Ländern. Fast alle Kinder werden bei uns durch die Kleinkinduntersuchungen erfaßt. Bei der sogenannten „U 8" ist hier eine Überprüfung der Sehtüchtigkeit obligatorisch. Und auch im Kindergarten und vor der Einschulung werden alle Kinder von den Gesundheitsämtern einem Sehtest unterzogen. Viele Sehfehler, wenngleich auch nicht alle, fallen hier auf.

1.8 Zurück zu den Genen

Viele Untersuchungen waren Eintagsfliegen, die schnell widerlegt wurden, viele waren unsauber und statistisch nicht haltbar, viele Ergebnisse waren an einer zu geringen Stichprobe gewonnen worden, um als allgemeingültig anerkannt zu werden.

Aus allen Untersuchungen lassen sich als gesicherte Erkenntnisse (zumindest bisher unwiderlegt) festhalten:
– Leseschwächen kommen in allen Kulturen mit Schriftsprache vor.
– Jungen entwickeln vier- bis zehnmal häufiger Leseschwierigkeiten als Mädchen.

Beide Ergebnisse sprechen dafür, daß es sich bei der Legasthenie um eine Funktionsstörung des Gehirns handelt. Man muß also doch noch einmal der Frage nachgehen, inwieweit hierbei konstitutionelle (genetische und/oder neurologische) Faktoren eine Rolle spielen.

In vielen neueren Untersuchungen (vor allem in den Vereinigten Staaten) werden Sprachstörungen und Störungen der Sprachentwicklung als Ursachen der Legasthenie ausgemacht. Einige Forscher versuchen, diesen Störungen weiter auf den Grund zu gehen. Dabei gehen sie von folgender Überlegung aus: Wenn wir eine Gliederungsschwäche feststellen, wenn wir experimentell nachweisen können, daß leseschwache Kinder Schwierigkeiten haben, Wörter in Sprachlaute zu zerlegen, sprachliche Informationen nicht codieren können (phonematische Bewußtheit), dann liegt es nah, danach zu fragen, ob die Schwierigkeiten beim Schriftspracherwerb nicht unterschwellig eine Sprachstörung ist.

In diesem Falle müßten wir aber auch Sprachstörungen oder doch zumindest Verzögerungen in der Sprachentwicklung feststellen können. Hierbei stellen wir gehäuft eine verlangsamte oder gestörte Lateralitätsentwicklung fest. Von der Lateralitätsentwicklung wissen wir, daß diese zwischen Jungen und Mädchen unterschiedlich schnell vonstatten geht.

Von ähnlichen Überlegungen gingen bereits einige Wissenschaftler in den sechziger Jahren aus. Frühe Vertreter dieser Richtungen waren DELACATO (1970) und AYRES (1984). In den frühen 80er Jahren fanden amerikanische Ärzte (PENNINGTON und SMITH 1987) Hinweise für eine genetische Basis der Legasthenie. Sie fanden auf dem 15. Chromosom Anzeichen für ein dominantes Chromosom bei mehreren Personen in Familien, bei denen bereits Legasthenie über Generationen vorkommt. In diesen Familien kamen auch gehäuft Störungen des Immunsystems, Sprachstörungen und Störungen der Lateralitätsstruktur vor. Ein Fehlen der sonst üblichen Asymmetrie der beiden Hirnhälften, insbesondere in den Sprachregionen, stellte auch GALABURDA (1987) bei der Obduktion der Gehirne einiger männlicher Legastheniker fest.

Nun wissen wir heute noch viel zu wenig über die Plastizität des Gehirns, um sagen zu können, inwieweit hier durch frühe Förderung eine Störung kompensiert werden kann. Auch bedeuten diese Forschungsergebnisse nicht, daß an der Rechtschreibschwäche nichts zu ändern ist, da sie ja neurologisch oder gar genetisch bedingt ist. Im Gegenteil, diese an den „Ursprung" heranführenden Untersuchungen machen darauf aufmerksam, daß bereits die Voraussetzungen zum Lesen- und Schreibenlernen sehr komplexe Prozesse sind.

1.9 Risikokinder

Natürlich (und das behaupten weder GALABURDA noch PENNIGTON oder SMITH) gibt es kein „Legasthenie-Gen auf Chromosom 15". Gerade diese Forscher weisen unermüdlich darauf hin, daß ein solches Gen (ließe es sich irgendwann einmal identifizieren) keine kausale Erklärung der Legasthenie ist. – Es ist eine Disposition, die zu einer Störung z. B. der motorischen- und der Lateralitätsentwicklung, diese dann zu einer Beeinträchtigung der Sprachentwicklung und in Folge zu Schwierigkeiten bei der Lautanalyse führen kann. Dies hat dann unter weiteren ungünstigen Bedingungen negativen Einfluß auf das Erlernen des Lesens und Rechtschreibens.

Es ist erstaunlich, daß uns gerade die Skalpellakrobaten und Reagenzglasschwenker auf den eigentlichen Sinn der ganzen Ursachenforschung zurückführen. Ziel war und ist es doch letztlich, Strategien zu entwickeln, durch die eine Entwicklung von Lese-/und Rechtschreibschwierigkeiten verhindert werden kann.

Wende in den 80er Jahren: nicht Ursachensuche – sondern:
Welche Voraussetzungen brauchen Kinder, um erfolgreich das Lesen,
Schreiben und Rechtschreiben zu lernen?

Seit Anfang der 80er Jahre erscheinen mehr und mehr Untersuchungen, woran man bereits vor Schuleintritt feststellen kann, ob ein Kind später einmal Schwierigkeiten beim Erlernen des Lesens haben wird. Am weitesten fortgeschritten sind die Untersuchungen von BREUER und WEUFFEN (1986). Die von ihnen entwickelte und für die Schule und den Schulkindergarten leicht zu handhabende „Differenzierungsprobe" scheint gut geeignet, recht frühzeitig „Risikokinder" ausfindig zu machen.

Zur Zeit werden an der Universität Bielefeld (Sonderforschungsbereich 227) in einer groß angelegten Längsschnittuntersuchung, an der zeitweise über 1.400 Kinder teilnahmen, Möglichkeiten der Früherkennung und Prävention von Lese-/Rechtschreibschwächen untersucht. In der Bielefelder Studie geht man davon aus, daß Lese- und Rechtschreibschwierigkeiten mit einer Störung des „phonematischen Bewußtseins" zusammenhängen. Damit beziehen sich die Bielefelder Wissenschaftler auf die Erfahrung, daß es Kindern mit Leseschwierigkeiten schwerfällt, die Sprache analytisch zu durchschauen.

Während BREUER und WEUFFEN sowohl die optische, phonematische, kinästhetische, melodische und rhythmische Differenzierungsfähigkeit überprüfen, konzentriert sich die Bielefelder Studie auf eine sehr differenzierte Überprüfung des sprachlichen Bereichs. So werden Vorschulkindern hier Aufgaben vorgelegt, bei denen sie herausfinden sollen, ob sich ein Wortpaar reimt, welcher Buchstabe im Vergleich zweier Wörter fehlt. Untersucht wird, ob Kinder die Stellung eines Buchstabens im Wort analysieren können usw.

Der Unterschied zu früheren Untersuchungen liegt darin, daß hier nicht nach den Ursachen der Legasthenie gefragt wird, sondern danach, welche Voraussetzungen Kinder zum erfolgreichen Lesen- und Schreibenlernen brauchen. Dies kennzeichnet eine entscheidende Wende in der Legasthenieforschung.

1.10 Keiner weiß Bescheid

Doch trotz allem. Die meisten WissenschaftlerInnen haben inzwischen den Überblick über die umfangreiche Legasthenieforschung verloren. Allein im angloamerikanischen Raum wurden in den Jahren 1960 bis 1985 annähernd 10.000 Veröffentlichungen zum Themenbereich Dyslexie gezählt. Bei uns dürften es einige Hundert sein. Selbst jenen Wissenschaftlern, die sich bereits seit Jahrzehnten mit dem Problem beschäftigen, wird es heute schwerfallen, eine umfassende Wertung aller Ergebnisse der Legasthenieforschung vorzunehmen. Dies erscheint heute kaum noch möglich.

Und was bleibt als Fazit der unendlichen Geschichte der Ursachensuche der Legasthenie?

Das einzige, was wir sicher wissen, ist:
1. Es gibt keine organische, psychische oder soziale Bedingung, die in jedem Falle zu einer LRS führt.
2. Es gibt keine Bedingung, die als einzige zu Lese- und Rechtschreibschwierigkeiten führt.
3. Es gibt mehr Jungen als Mädchen, die Lese- und Rechtschreibschwierigkeiten entwickeln.
4. Lese- und Rechtschreibschwierigkeiten entwickeln Kinder in allen Kulturen mit Schriftsprache.

Aber ist das als überdauerndes Ergebnis nicht ein bißchen wenig für soviel Forschung? Ich glaube nicht. Wir haben viel gelernt über das Lesenlernen. Und vielleicht sind gerade jene Untersuchungen die wichtigsten gewesen, die inzwischen widerlegt wurden. Zumindest die Fachleute sind heute viel vorsichtiger in ihrer Einschätzung der Bedeutung einer Einzelursache. Wir haben gelernt, über die große Komplexität so einfacher Vorgänge wie Lesen und Schreiben zu staunen, und sehen immer mehr, welch große Leistung unsere Kinder hier erbringen.

1.11 Abschied vom kausalen Denken

Vermutlich geht es mit der Legasthenie wie mit der Grippe. Es gibt eine Vielzahl von Viren, die einen grippalen Infekt auslösen können (auslösende Faktoren). Auch gibt es Krankheiten, die zunächst den Verlauf einer Grippe sehr ähneln und nur vom Fachmann von dieser unterschieden werden können (Problem der Differentialdiagnose). Ich kann mich gesund ernähren, vernünftig anziehen und Sport treiben und so die Wahrscheinlichkeit einer Ansteckung veringern (Persönlichkeits- und Verhaltensbedingungen). Manche Menschen reagieren auf lang andauernde Streßsituationen mit Husten und Schnupfen, andere reagieren hierauf mit Kopfschmerzen (Dispositionen). Bei einigen Personen ist eine Grippe eine tödliche Gefahr (z. B. bei Immunschwäche), andere nehmen ein heißes Bad, und der Schnupfen ist weg (organische Bedingungen). Einige stecken sich an, wenn sie einen Hustenden in der Straßenbahn sehen, andere können mit ihm ins Bett gehen, ohne krank zu werden.

Die Suche nach einzelnen Krankheitserregern ist wichtig, reicht aber nicht aus. Auch die Grippeschutzimpfung hilft nicht immer und nicht jedem, wie jeder aus eigener Erfahrung weiß. Aber deshalb sind Schutzimpfungen nicht unsinnig.

Langsam, aber sicher nehmen wir in der Legasthenieforschung Abschied vom kausalen (descarteschen) Denken. Wir wenden uns komplexeren Erklärungsmodellen zu, Modellen, die nicht nur eine Ursache für das Problem suchen. Das hat nicht nur mit der Enttäuschung über die bisherigen Ergebnisse der Legasthenieforschung zu tun, sondern auch etwas mit dem Zeitgeist. In diesem Punkt unterscheiden wir uns nicht von KUSSMAUL, RANSCHBURG, LINDER und den anderen.

Wir wissen heute mehr über ökologische Zusammenhänge, erleben hautnah, wie Dinge über Grenzen hinweg zusammenwirken und außer Kontrolle geraten können. In allen Lebensbereichen lernen wir, in komplexen Zusammenhängen zu denken. Waldsterben, fossile Energieträger und Kernenergie, Ozonloch, Gewässerverschmutzung, Individualverkehr, Kakao- und Kaffeepreise und das Abholzen der Regenwälder gehören zusammen. Und: Das hat etwas mit Legasthenie zu tun!

Unser Nachdenken über ökologische Zusammenhänge führt uns auch in anderen Bereichen dazu, in Wirkungszusammenhängen zu denken, Einzelbedingungen als Risikofaktoren und nicht als Ursachen zu betrachten.

Auch wir sind Kinder unserer Zeit und denken so. Wir sollten die Aussagen von RANSCHBURG, LINDER, ANGERMEIER usw. heute nicht belächeln und als Unfug abtun, sondern sie in ihren geschichtlichen Zusammenhängen verstehen. Unseren Theorien von Wirkungsgefügen und dem Schriftspracherwerb wird es in zwanzig Jahren vermutlich nicht anders ergehen.

Die Legasthenieforschung der sechziger Jahre suchte noch nach der Ursache. In den siebziger Jahren verstanden wir die unzähligen Forschungsergebnisse als Puzzlesteine, aus denen eines Tages ein fertiges Bild der Legasthenie zu entwerfen sei. Aus heutiger Sicht sind die Ergebnisse der Legasthenieforschung Hausnummern und Straßen auf einem Stadtplan. Dieser kann uns bei der Orientierung in einer fremden Stadt weiterhelfen. Die Einwohner, was sie machen, wie sie leben, worüber sie sich ärgern und freuen, verstehen wir hierdurch noch nicht.

1.12 „LRS-müde" Lehrer und Lehrerinnen

Für die schulische Praxis haben sich die wissenschaftlichen Auseinandersetzungen, die immer neu herauskommenden Sensationsmeldungen, die schier endlosen Berichte „neuester" Forschungsergebnisse als wenig hilfreich erwiesen. Viele Entdeckungen „der eigentlichen Ursache" wurden gefolgt von Untersuchungen, die genau zum gegenteiligen Ergebnis kamen, wurden abgelöst von neuen „eigentlichen Ursachen". Theorien, Erklärungen und Ursachen kamen und gingen wie Frühjahrs- und Herbstmoden.

Anfang der 70er Jahre kam in den Schulen (zumindest in den Grundschulen) etwas in Bewegung. Mit viel Schwung und Elan gingen viele LehrerInnen daran, das Problem in der Schule anzupacken. Die Fortbildungen hatten ihnen Mut gemacht. Doch das dann folgende Hin und Her und die massive Kritik am Legastheniebegriff verstärkte in den Schulen ein gesundes Mißtrauen, und nicht wenige kamen mehr und mehr zu der Ansicht: „Legasthenie gibt es nicht – das alles ist eine Erfindung der Wissenschaftler."

Wie so oft, so zog die Schule auch in diesem Falle aus den wissenschaftlichen Auseinandersetzungen falsche Schlüsse. Während die einen allzu wissenschaftsgläubig alles unreflektiert übernehmen, was an Ergebnissen „auf den Markt" kommt, vertrauen die anderen nur der eigenen Praxis. Beides hilft den betroffenen SchülerInnen nicht.

Doch was sollen die Lehrerinnen und Lehrer in der Schule denn machen? Es ist schlechterdings unmöglich und wäre eine völlige Überforderung einer jeden LehrerIn zu erwarten, daß sie über alle Entwicklungen und wichtigen Forschungsergebnisse in diesem kleinen Fachgebiet auf dem laufenden sind.

Die LehrerInnen haben in der Schule vielfältige Aufgaben. Sie müssen nicht nur dem leseschwachen Kind etwas beibringen, sondern auch die hochbegabten hinreichend fördern. Sie haben in ihren Klassen Kinder mit Verhaltensschwierigkeiten, motorisch unruhige und Kinder ausländischer Herkunft, die nur wenig Deutsch sprechen. Sie sollen Lesen und Rechtschreiben, aber genauso qualifiziert auch Rechnen, Musik, Sport, Religion, Geschichte und Sachkunde unterrichten. Ist es da sinnvoll, sich mit diesem „Randthema" LRS so intensiv auseinanderzusetzen?

In den Vereinigten Staaten und Kanada rechnet man derzeit damit, daß etwa 20 Prozent aller SchülerInnen als funktionelle Analphabeten aus der Schule entlassen werden. In den Hauptschulen beherrschen nach vorsichtigen Schätzungen rund 15 Prozent aller SchülerInnen nur unzureichend die Rechtschreibung. Viele hiervon sind nicht in der Lage, längere Texte sinnentnehmend zu lesen.

„Der Beherrschung der Schriftsprache kommt für die sprachliche Verständigung, für den Erwerb von Wissen und Bildung, für den Zugang zum Beruf und für das Berufsleben besondere Bedeutung zu." (LRS-Erlaß NRW, 1991)

„Das Lesen und Schreiben zu lehren gehört daher zu den Hauptaufgaben der Grundschule . . ." (KMK-Empfehlung 1978)

In unserer Gesellschaft ist Lesen- und Schreibenkönnen eine wichtige Grundlage schulischen Lernens. Die SchülerInnen brauchen diese grundlegenden Fertigkeiten, um Geschichte zu verstehen, Sachaufgaben zu lösen, sich auf Diskussionen vorzubereiten. Es gibt kaum ein Unterrichtsfach, in dem nicht gelesen oder geschrieben wird. Als LehrerInnen machen wir uns die Arbeit unnötig schwer, wenn wir den SchülerInnen nicht ausreichende Lese-/Rechtschreibfertigkeiten vermitteln. Es ist also auch Eigennutz, sich mit dem Thema LRS näher zu beschäftigen – und zwar nicht nur für die FachlehrerIn Sprache/Deutsch.

2. Grundlagen der neuen LRS-Erlasse

In die LRS-Erlasse der 80er Jahre sind viele Erkenntnisse aus der Legasthenie- und der neueren Leseforschung eingeflossen. In diesem Kapitel zeichne ich die Grundideen auf, die als „theoretischer" Hintergrund für die heutige Sicht der LRS angesehen werden können. Ausgehend von einer eher pragmatischen Definition des Begriffes LRS weise ich darauf hin, daß sich die Bedeutung des Lesens und Rechtschreibens in den letzten Jahren deutlich geändert hat. Verschiedene Lernvoraussetzungen, innere Differenzierung, entdeckendes Lernen sind Grundbegriffe der heutigen Pädagogik geworden. Für das Verständnis von Lernschwierigkeiten spielt die Abkehr vom kausalen und das Denken in Wirkungsgefügen eine ganz besondere Rolle.

2.1 LRS anstelle von Legasthenie

Der Begriff Legasthenie ist für die schulische Praxis unbrauchbar und sollte ganz aus dem Sprachgebrauch verschwinden. Legasthenie wird je nach Fachrichtung und theoretischer Grundposition von den Wissenschaftlern verschieden definiert. Vielleicht ist es später einmal möglich, daß sich die Wissenschaftler auf eine einheitliche Definition des Begriffes einigen. Zur Zeit ist dies nicht der Fall. So lange lassen sich „schlechte Leser" auch nicht in zwei Gruppen einteilen, in „echte" und „schwache".

Selbst wenn wir davon ausgehen, daß es theoretisch möglich ist, den Begriff sinnvoll zu definieren, und daß, ebenfalls theoretisch, SchülerInnen mit Leseschwächen zu differenzieren sind in „schlechte Leser" und „echte Legastheniker", so ist es schlechterdings unmöglich, eine solche Differenzierung in der Schule vorzunehmen. Auch SonderschullehrerInnen verfügen in der Regel nicht über eine entsprechende Fachkenntnis, um eine Differentialdiagnose vornehmen zu können.

Doch wenn nicht von Legasthenie, wovon sollen wir denn sprechen?

Sind es SchülerInnen mit:
– isolierter Lese-/Rechtschreibschwäche oder
– „Schüler mit besonderen Schwierigkeiten" (KMK-Empfehlung)?

Sind es SchülerInnen mit:
- Lese-/Rechtschreibschwierigkeiten,
- Lese-/Rechtschreibschwächen oder einer
- Lese-/Rechtschreibstörung?

Sind es einfach nur Schwierigkeiten oder
- gravierende,
- besondere oder
- isolierte?

Und wer hat hier Schwierigkeiten?
- Nur die Schülerin oder der Schüler?
- Hat nicht auch die LehrerIn Schwierigkeiten (bei der Vermittlung des Lesens und Rechtschreibens)?
- Und die Eltern? Haben diese nicht auch Schwierigkeiten, z. B. bei der Akzeptanz der LRS bei ihrem Kind?

Hier ist also noch ein großes Feld für all jene, denen präzise Definitionen wichtig sind. Für die schulische Praxis ist dies letztlich einerlei. Bezogen auf die schulische Förderung, scheint mir die Formulierung im LRS-Erlaß von Nordrhein-Westfalen die treffendste zu sein:

„Förderung von Schülerinnen und Schülern bei besonderen Schwierigkeiten beim Erlernen des Lesens und des Rechtschreibens (LRS)" (LRS-Erlaß NRW 1991)

Dies trifft den Kern:
- Es geht nicht um die Förderung von SchülerInnen *mit* Schwierigkeiten. Denn nicht diese allein sind es, denen etwas schwerfällt.
- Normale Schwierigkeiten werden auch im normalen Unterricht zu beheben sein. Besondere Fördermaßnahmen sind nur bei besonderen Schwierigkeiten angezeigt.
- Es ist Aufgabe der Schule, Kindern das Lesen und Schreiben beizubringen, ganz gleich, ob sie nun große oder kleine, ob sie isolierte oder generalisierte, ob sie Schwierigkeiten oder Störungen haben, und ganz gleich, ob dies nun für die Schule schwierig ist oder nicht.

Wir sollten uns als Praktiker nicht weiter mit Begriffen und Wortklaubereien aufhalten, sondern dies den Wissenschaftlern überlassen. Sprechen wir in der Schule der Einfachheit halber von LRS (Lese-/Rechtschreibschwierigkeiten) und der Förderung von LRS-SchülerInnen (Förderung von SchülerInnen bei Lese-/Rechtschreibschwierigkeiten), wohl wissend, daß hiergegen vieles einzuwenden ist. Aber dies ist kurz und praktisch, und jeder weiß, was gemeint ist.

2.2 Die Bedeutung der Rechtschreibung

Über die Rechtschreibreform ist „seit anderthalb hundert Jahren so viel gesprochen und geschrieben worden, daß man es einem ehrlichen Manne kaum zumuthen kann, noch eine Zeile mehr darüber zu lesen. Und doch ist die Sache bey weitem noch nicht erschöpft . . ." (Johann Christoph Adelungs, 1782)

Das Zitat von Adelungs, vor zweihundert Jahren geschrieben, macht uns darauf aufmerksam, daß die Rechtschreibung letztlich eine Konvention ist. Die Rechtschreibregeln sind veränderbar und in der Vergangenheit schon oft geändert worden. Bei den 212 Rechtschreibregeln sind gewiß viele unsinnig und werden selbst von uns Erwachsenen nicht beherrscht. Wir sollten uns daher gelegentlich fragen, ob die Rechtschreibung wirklich so wichtig ist, wie wir sie in der Schule oft nehmen? Halten wir die Rechtschreibung nicht nur deshalb für eine wichtige Sache, weil wir sie weitgehend beherrschen, weil es unseren Augen weh tut, wenn wir „Frans schreipt ein dicktat" lesen?

Auf dem Hintergrund der neuen Informationstechnologien und beim rasanten Fortschritt der Technik wird die Frage nach der Bedeutung der Rechtschreibung neu gestellt werden, vermutlich noch radikaler.

Das Lese- und Schreibumfeld der Kinder hat sich in den letzten Jahren durch neue Medien gründlich geändert. Kassettenrecorder, Videos und Fernsehen sorgen dafür, daß Kinder immer weniger Umgang mit Büchern haben. Welche Eltern (früher waren es oft die im Hause lebenden Großeltern) lesen ihren Kindern heute noch Märchen vor? Heute legen sich die Kinder selbst eine Kassette in ihren Recorder oder schauen sich Schneewittchen von Walt Disney an. Was in der Welt passiert, erfahren wir aus der Tagesschau und immer seltener aus der Zeitung. Früher schrieben wir uns einen Einkaufszettel, weil wir dem Kaufmann sagen mußten, was wir brauchten. Heute lassen wir uns im Supermarkt von den Regalen leiten und vom Angebot verführen. Früher schrieben wir uns Briefe, zumindest noch Liebesbriefe. Heute reicht es gerade noch zur Urlaubskarte, sonst wird telefoniert.

Kinder erleben an uns Erwachsenen kaum noch, daß Lesen und Schreiben im Alltag von großer Bedeutung sind. Von meinem vielen Schreiben im

Büro bekommen meine Kinder nichts mit. Der Wille, schreiben zu lernen, ist heute bei Erstkläßlern deutlich geringer als früher. Sie sehen es nicht mehr als das Wichtigste an. Das Schreiben und damit auch die Rechtschreibung haben in den letzten Jahren an Bedeutung im alltäglichen Leben verloren. Andere Dinge sind wichtig geworden, so z. B. der Umgang mit Computern. Dies mögen wir bedauern, aber die Entwicklung ist wohl kaum zurückzudrehen.

Natürlich wird es auch weiterhin wichtig sein, daß unsere Kinder schreiben lernen. „Wer Texte für andere aufschreibt, muß dabei auch Rechtschreibnormen beachten. . . . Die Schule muß den normativen Ansprüchen, aber auch den Lernmöglichkeiten der Kinder, Rechnung tragen." (Richtlinien NRW, Sprache, S. 40) Die normativen Ansprüche ändern sich, und die veränderten Umweltbedingungen tragen dazu bei, daß auch die Ausgangsvoraussetzungen (und damit die Lernmöglichkeiten der SchülerInnen) der Kinder heute andere sind. Das „Rechtschreiben (darf) nicht vernachlässigt werden. Es darf aber auch kein Übergewicht im Lernbereich Sprache erhalten" (Richtlinien NRW, Sprache, S. 40).

Schreibenkönnen ist nach wie vor wichtig. Aber es gibt Wichtigeres als die Rechtschreibung.

Indem wir mit der Rechtschreibung gelassener umgehen, sie nicht mehr als das Wichtigste betrachten, nehmen wir gerade den LRS-SchülerInnen einen enormen Druck von ihren Schultern. Dann können wir auch bereit sein, Kindern Zeit zu geben, sich zu entwickeln. Wenn wir Kindern Zeit lassen, werden sie von selbst einsehen, „daß es wünschenswert ist, so zu schreiben, daß jedermann es lesen" (HOLT 1971, S.107) kann. Die wichtigste Fördermaßnahme ist es, gelassen mit dem Problem umzugehen, sich Zeit zu nehmen und dem Kind Zeit zu lassen. Das bedeutet nicht: „Abwarten, die Schwierigkeiten des Kindes werden sich schon von selbst erledigen." Der Profi gerät nicht in Panik, wenn ein Problem auftaucht, aber er ignoriert es auch nicht.

2.3 Die Bedeutung des Lesens

Etwas anders verhält es sich beim Lesen. Das Lesenkönnen hat nicht nur in der Gesellschaft einen hohen Stellenwert. Es ist trotz der neuen visuellen (Fernsehen, Computer) und auditiven (Telefon, Kassettenrecorder) Informationstechnologien für das Erwerbsleben von großer Bedeutung.

In Kanada, bei einer Analphabetenquote von 15 bis 20 Prozent der Schulabgänger, geben die großen Firmen Millionenbeträge für die Alphabetisierung aus. Es ist für sie zu kostspielig geworden, daß bei jeder Umstellung der Produktion zunächst ein großer Ausschuß produziert wird, weil die Arbeiter die Gebrauchsanweisungen der Maschinen und die Anweisungen der Ingenieure nicht lesen können. *Durch die Verbreitung der neuen Technologien im Erwerbsleben bekommt das Lesenkönnen eine zentrale Bedeutung.*

Nein, auf das Lesen können wir nicht verzichten. Für uns Erwachsene ist das Lesen aus unserem Alltag nicht mehr wegzudenken. Daran ändern auch die neuen Technologien nicht viel. Lesen ist in allen Bereichen des erwachsenen Lebens notwendig: die Straßenschilder, der Fahrplan, der Beipackzettel bei Medikamenten, die Gebrauchsanweisung der neuen Küchenmaschine, die Hinweistafel im Rathaus usw. usf.

„Der Beherrschung der Schriftsprache kommt für die sprachliche Verständigung, für den Erwerb von Wissen und Bildung, für den Zugang zum Beruf und für das Berufsleben besondere Bedeutung zu." (KMK-Beschluß 1978)

Bedenken müssen wir jedoch, daß einige Kinder im vorschulischen Bereich weitaus weniger Lese- und Vorleseerfahrungen machen als früher. Das Fernsehen als Kindermädchen der Nation ersetzt nicht die vorlesende Großmutter, und die Tagesschau nicht die Tageszeitung. Die Unterschiede zwischen den Schulanfängern sind größer geworden. „Gerade für das Lesenlernen bringen die Kinder sehr unterschiedliche Voraussetzungen mit hinsichtlich der Lesefähigkeit, der Lesemotivation, der Lernstile, (. . .) der Ausformung ihrer Lautsprache (. . .) und der Sprachbeherrschung. Deswenten muß der Leselernprozeß konsequent differenziert werden" (Richtlinien NRW, Sprache).

Jede Mutter mehrer Kinder weiß, daß Kinder unterschiedlich schnell sprechen lernen. Meine älteste Tochter sprach mit eineinhalb Jahren ganze Sätze, so daß man sich mit ihr damals bereits unterhalten konnte. Mein jüngster Sohn spricht mit zweieinhalb Jahren nur Ein- und Zweiwortsätze, und oft müssen wir raten, was er gerade gemeint haben könnte. So verschieden sind Kinder. Genauso groß sind die Unterschiede bei der Einschulung. In der Klasse 1 müssen wir mit großen Unterschieden rechnen und differenziert hiermit umgehen. Dabei heißt (und das gilt für das Lesenlernen in ganz besonderem Maße) innere Differenzierung nicht, alle Kinder möglichst schnell auf den gleichen Stand zu bringen, um ihnen Lesen beizubringen.

„Vor kurzem erzählte mir eine Lehrerin von ihrer Arbeit mit Hilfsschülern, die nicht lesen konnten oder jedenfalls nicht lasen. Sie bemerkte im Laufe unserer Unterhaltung: ‚Wir haben Bücher in Hülle und Fülle in unserem Klassenzimmer, und sie werden gerne gebraucht. Aber sie lesen sie nicht; sie wenden immer nur die Seiten und betrachten sie.' . . . Erst später wurde mir klar, daß dieses planlose Betrachten eines Buches für ein Kind, das kaum je vorher ein solches gesehen hat, ein vernünftiger und annähernd mit Gewißheit ein notwendiger erster Schritt auf dem Weg zum Lesen war. Bevor diese Kinder daran gehen konnten, zu überlegen, wie bestimmte Buchstaben oder Gruppen von Buchstaben hießen, mußten sie sich mit dem Aussehen der Buchstaben im allgemeinen bekannt machen . . . Die meisten Kinder, die zu lesen anfangen, sahen und betrachteten Buchstaben schon längere Zeit. Dies ist die Erfahrung, die jene weniger glücklichen Kinder noch nachholen müssen. . . . Das wäre weiterhin, neben anderen, auch ein guter Grund, ein Kind selbst bestimmen zu lassen, wann es mit dem Lesen anfangen will." (HOLT 1971, S. 92 f.)

Kinder ohne jede Lese- (Vorlese-) Erfahrung sind (Gott sei Dank! noch) die Ausnahme. Aber genau diese gehören zur Risikogruppe derjenigen, die schnell Schwierigkeiten beim Erlernen des Lesens entwickeln, wenn ihnen nicht Zeit genug gelassen wird.

2.4 Von der Legasthenie- zur Leseforschung

Lesen und Schreiben sind wichtige Bedingungen, um am gesellschaftlichen Leben teilzuhaben. Dem Anfangsunterricht im Fach Sprache kommt eine besondere Bedeutung zu.

„Das Lesen und Schreiben zu lehren gehört daher zu den Hauptaufgaben der Grundschule. Es ist die pädagogische Aufgabe der Lehrerinnen und Lehrer, dafür zu sorgen, daß in diesen Bereichen alle Kinder tragfähige Grundlagen für das weitere Lernen erwerben." (KMK-Beschluß 1978)

Auch für die Wissenschaftler ist das Gebiet der Lese- und Schreibforschung inzwischen wichtiger geworden als die auf Störungen reduzierte Legasthenieforschung. Als wichtigster Vertreter der neueren Leseforschung sei hier BRÜGELMANN (1984, 1986) genannt.

Lange bevor sie in die Schule kommen, beginnen Kinder lesen und schreiben zu lernen. Beides entwickelt sich zugleich und ist zunächst noch weit entfernt von den Vereinbarungen, die wir Erwachsene über die Schriftsprache getroffen haben. Auch ohne unser Zutun nähern sich Kinder beim vorschulischen Schreibenlernen den Grundprinzipien der Schrift (Buchstaben; Phonem-Graphem-Zuordnung).

Die Leseforschung geht heute davon aus, daß sich das Lesen adaptiv entwickelt. Ähnliches hatte bereits vor über zwanzig Jahren John HOLT vermutet: „Ich sehe es jetzt so, daß sich Tommys erstes Schilderschreiben zum Schreiben des Englischen verhält wie das Babbeln eines Kleinkindes zum Englischsprechen. Ich hätte ihn ermutigen sollen, im Schreiben weiter zu babbeln. Er hätte gewiß nach einiger Zeit angefangen zu überlegen, wie sein Geschreibsel dem Schreiben anderer ähnlicher gemacht werden könnte. Außerdem hätte man ihn leicht – auf taktvolle Weise – darauf aufmerksam machen können, daß viele Leute die konventionelle Schrift lesen konnten, während er der einzige war, der seine eigene Schrift lesen konnte. Mit der Zeit wäre es ihm dann wünschenswert erschienen, so zu schreiben, daß jedermann es lesen konnte." (HOLT 1971, S.107)

Die meisten Kinder haben eine Vorstellung von dem Sinn der Schrift, wenn sie in die Grundschule kommen. Sie lassen sich Bilderbücher vorlesen und sehen, wie Erwachsene Briefe schreiben und Urlaubskarten geschickt bekommen (Kommunikationsfunktion); sie sehen auch, wie sich Erwachsene einen Zettel schreiben, um etwas (Namen, Telefonnummern, Wegbeschreibungen, Mitteilungen etc.) nicht zu vergessen (Merkfunktion). Haben Kinder erst einmal diese Grundidee des Lesens und Schreibens erfaßt, sind sie „auf dem Wege zur Schrift" (BRÜGELMANN 1983).

Die Schreibung eines Wortes ist eine Vereinbarung, an die sich Kinder erst langsam gewöhnen und herantasten müssen. Vor allem über das Vorlesen lernen sie die wichtigsten Grundregeln unserer Schriftsprache kennen. Zuerst malen kleine Kinder Girlanden und Kringel, mit der Zeit buchstabenähnliche Formen. Doch bereits diese erste Lese- und Schreibphase (im Alter von 3 bis 5 Jahren) verläuft bei Kindern sehr verschieden. Einige lassen sich ganze Wörter vorschreiben, die sie anschließend akribisch genau nachmalen, andere kreieren eine eigene Schrift. Mit der Zeit erkennen Kinder, daß Gesprochenes in Buchstaben übertragen wird, dann, daß Laute durch bestimmte Buchstaben abgebildet werden.

Kinder lernen lesen und schreiben, bevor Schule sie mit Fibeln im Gleichschritt marschieren läßt, so wie sie vordem alles andere (gehen und sprechen z. B.) auch erfolgreich gelernt haben. Sie kopieren nicht die Perfektion der Erwachsenen. Sie nähern sich dieser: von groben Zügen ausgehend über Differenzierungen und Verallgemeinerungen – von Girlanden über Buch-

staben, Phonem-Graphem-Zuordnungen und „Privatschriften" zur regel-
gerechten Schreibung einzelner Wörter.
Wenn Kinder erst einmal einige Wörter schreiben können, stellen sie
(ähnlich wie beim Spracherwerb) scheinbar allgemeingültige Regeln auf (die
Feile, der Feil, er fert, das Fert). Später werden Ausnahmen (der Pfeil, das
Pferd) und Ableitungen (wir fahren, er fährt) erkannt und in die eigene
Schreibung einbezogen. Das Kind ahmt beim Schriftspracherwerb nicht
einfach passiv Vorgeschriebenes nach. Es ordnet seine Erfahrungen mit der
Schriftsprache, entwickelt vorläufige Regeln und verändert diese, paßt diese
mehr und mehr den Konventionen der Erwachsenen an.

Aus dieser Sicht sind Rechtschreibfehler keine Fehler, sondern Annäherungen an die Konvention, notwendige Entwicklungsschritte. Werden Rechtschreibfehler zu früh in den Mittelpunkt gestellt, geht den
Kindern der natürliche Umgang mit dem Schreiben verloren, wird der
natürliche Schreiblernprozeß abgewürgt. Es entwickeln sich Schreib-
hemmungen und Schreibangst. Rechtschreibfehler werden hierdurch
erst recht verfestigt.

Umgekehrt und auf die LRS-Förderung bezogen: Lese- und Rechtschreibschwierigkeiten können dadurch verhindert werden, daß die Kinder in ihrem natürlichen Lernprozeß unterstützt und Fehler nicht als Fehler, sondern
als Ausdruck eines bestimmten Entwicklungsstandes gesehen werden.

„Ein sorgfältig durchgeführter Erstlese- und Schreibunterricht, in dem
die einzelnen Stufen und Phasen des Lese- und Schreiblehrgangs
gründlich abgesichert sind, ist die entscheidende Grundlage, ein Versagen im Lesen und Schreiben zu verhindern."
(KMK Beschluß 1978, 2.2 Abs.1)

Die neue Leseforschung zieht deshalb einen Schlußstrich unter die alten Fibeln und Schreiblehrgänge, in denen SchülerInnen „im Gleichschritt" vom
„a" zum „z" geführt werden. „Kinder entdecken die Schrift" (BRÜGEL-
MANN 1984) als etwas Spannendes, als etwas Wichtiges, als etwas, wofür
es sich lohnt, Arbeit und Zeit zu investieren, wenn man sie nur lange genug
experimentieren läßt.
Es ist richtig, vom Wissensdrang eines Kindes auszugehen, davon, daß
Kinder selbst für sich die Welt entdecken wollen! Doch gilt dies auch für jene Kinder, für die unsere Welt nur aus dem besteht, was in Video und Fernsehen zu sehen ist, für die Kühe lila sind und Schokolade machen? Gilt das
auch für den Zappelphilipp, den Clown, der nur Unfug im Kopf hat, den

Jungen, der viel lieber Fußball spielen möchte als Girlanden malen? Gilt das auch für den Träumer und phantasievollen Geschichtenerzähler, für den optische Datails noch unwichtig sind und der Schornsteine noch schräg auf ein Haus setzt?

Kurzum: die neue Leseforschung wird uns viel über das Lesen und Leseprobleme lehren können. Eine Lösung des LRS-Problems ist sie jedoch nicht. Wir werden durch die neuere Leseforschung vielleicht genauer wissen, welche Bedingungen und Fertigkeiten für den Schriftspracherwerb wichtig sind. Wir können dann „Risikokinder" frühzeitig und gezielt fördern. Es ist aber blauäugig, davon auszugehen, daß allein der verbesserte Anfangsunterricht alle Leseprobleme beseitigt. Eine solche Sicht weist LehrerInnen und SchülerInnen erneut die Schuld am Versagen zu und ist daher kaum eine hilfreiche Perspektive für die Zukunft.

2.5 Voraussetzungen für das Lesen- und Schreibenlernen

Wir wissen es von der Entwicklung der Motorik und der Sprache. Kinder lernen sprechen und laufen, ohne daß man ihnen genau erklärt, wie dies funktioniert. Wenn die Zeit reif ist, wollen Kinder laufen und sich mitteilen.

Wir wissen aber auch, daß diese natürliche Entwicklung bei einigen wenigen Kindern nicht glatt verläuft. Manche Kinder haben Schwierigkeiten, das Gleichgewicht zu halten oder bestimmte Laute zu bilden. Der erfahrene Kinderarzt weiß, bei welchem Kind er geduldig warten kann und bei welchem eine frühzeitige und qualifizierte Förderung (motorische oder Sprachtherapie) notwendig ist.

Ähnlich verhält es sich auch mit dem Lesen- und Schreibenlernen. Wenn die Zeit reif ist, wollen und können die meisten Kinder lesen und schreiben lernen. Das muß nicht unbedingt am Stichtag der Einschulung sein! Daher reicht es im Anfangsunterricht Sprache in der Regel, auf die verschiedenen Entwicklungsstände einzugehen und Geduld zu haben – das reicht in der Regel!

Es gibt aber auch Kinder, bei denen dies nicht ausreicht, bei denen eine frühzeitige und qualifizierte Förderung notwendig ist. Die erfahrene LehrerIn, die schon mehrfach eine Klasse 1 unterrichtet hat, weiß meist schon nach wenigen Wochen, welche Kinder einmal Schwierigkeiten beim Erlernen des Lesens und Rechtschreibens haben werden.

Auch trotz eines guten Anfangsunterrichtes müssen wir damit rechnen, daß bei einigen SchülerInnen Schwierigkeiten beim Erlernen des Lesens und Rechtschreibens auftreten.

Wenn wir Computeraufnahmen über die Aktivitätsverteilung im Gehirn betrachten, so sehen wir, daß beim Schreiben fast alle kognitiven Bereiche aktiv sind: motorische und sensorische, das Sprachzentrum, die Bereiche für die Verarbeitung von optischen und nichtsprachlichen Informationen ebenso wie jene, die eher Emotionen verarbeiten. Die Voraussetzungen, die gegeben sein müssen, um lesen und schreiben zu lernen, sind enorm und umfassen alle kognitiven Bereiche.

Wir gehen heute davon aus, daß es wichtig ist, insbesondere im Kindergarten und den ersten Schuljahren besonderes Gewicht auf die Förderung der Grundfunktionen zu legen. Selbst wenn wir die Zusammenhänge noch nicht alle hinreichend erklären können, ist doch gewiß, daß sich Wahrnehmung auf der Basis gelungener sensorischer Integration entwickelt.

Als Grundbedingungen für den Lese- Schreiblernprozeß gelten:
- Seh- und Hörfähigkeit
- Gleichgewicht und motorische Koordination
- Entwicklung einer homogenen Lateralitätsstruktur
- integrative Verarbeitung der sensorischen Informationen
- Koordination der Sinne und der Motorik
- Sprache, Sprachverarbeitung und kognitive Sprachanalyse.

Aufgrund der hohen Flexibilität unseres Gehirns sind wir in der Lage, bestimmte Schwierigkeiten, Störungen oder gar Ausfälle zu kompensieren. Auch bei einer nicht kompletten Lateralisierung des Sprachzentrums lernen Kinder sprechen – aber sie lernen dies anders. Kinder mit Störungen in den Grundfunktionen lernen auch lesen und schreiben – aber sie lernen dies anders.

Als besondere Risikofaktoren müssen nach meiner Erfahrung Motorik und Sprachverarbeitung angesehen werden.

Motorische Auffälligkeiten

Zwei Bereiche der Motorik führen beim Lesen- und Schreibenlernen häufig zu Schwierigkeiten: die motorische Koordination und die Hyperaktivität. Aus ganz verschiedenen Gründen kommt es hier zu Lese- und Rechtschreibschwierigkeiten. Das Hauptproblem liegt bei beiden „Störungen" darin, daß hier die Motorik nicht von niedrigen Gehirnzentren (Thalamus, Kleinhirn) gesteuert wird, sondern das Großhirn in den Ablauf immer wieder eingreift.

Bei einer „Störung" des Gleichgewichtes bildet sich beispielsweise nur sehr langsam oder eingeschränkt eine Automatisierung der Bewegungsabläufe. Genau dies ist aber beim Schreiben unabdingbar. Unser Gehirn kann nicht die Schreibbewegung steuern und zugleich darüber nachdenken, welcher Buchstabe nun als nächstes geschrieben werden muß.

Das Problem der motorischen Störungen ist nicht die krakelige Schrift, sondern die kognitive Belastung, die sich aus der mangelhaften motorischen Automatisierung ergibt. Kinder mit motorischen Schwierigkeiten brauchen:
– eine motorische Förderung (Gleichgewicht, Koordination)
– eine leicht zu automatisierende Anfangsschrift (Druckschrift, Schreibmaschine)
– verstärkte, eindeutige und konsequente Wiederholungen.

Sprache und Sprachverarbeitung

Die Sprachverarbeitung (insbesondere die phonematische Differenzierung) ist in den letzten Jahren in den Mittelpunkt des wissenschaftlichen Interesses gerückt. Lese- und Rechtschreibschwierigkeiten können sich daraus ergeben, daß Kindern die Phonem-Graphem-Zuordnung nicht gelingt. Sie sprechen zwar das Wort „Mutter" richtig, schreiben dann aber „Mutr", „utar" oder „Metare".

Diese Schwierigkeiten haben häufig ihren Ursprung in einer (noch) nicht homogen und stabil ausgeprägten Lateralitätsstruktur. Bei diesen Kindern stellen wir häufig eine verwaschene, undeutliche Aussprache fest. Die Eltern schildern meist auch Schwierigkeiten in der Sprachentwicklung (verzögerte Entwicklung, Kinder sprechen lange unverständlich und undeutlich).

Kinder mit Schwierigkeiten bei der Sprachanalyse brauchen:
– eine Sprachförderung
– visuelle oder motorische Sprachgliederungshilfen (wie z. B. die Lautgebärdensprache)
– konsequentes Verknüpfen von Sprache und Schreiben (wie z. B. durch Mitsprechen, Dehnsprechen, Pilotsprache).

2.6 Wir lernen nicht mit dem Kopf allein

Die organischen (sehen, hören, bewegen) und kognitiven (wahrnehmen, verarbeiten, merken, strukturieren, zuordnen) Bedingungen sind Voraussetzungen für das Erlernen des Lesens und Schreibens. Lernen ist jedoch mehr. Es ist immer eine aktive Auseinandersetzung mit der Umwelt. Lernen bedeutet immer Verändern, Ergänzen und Umstrukturieren des bisherigen Wissens; da das neue am Bekannten anknüpft, darf es nicht zu schwierig sein (Qualitätssprung). Um zu lernen, müssen wir uns für die Sache interessieren, unsere Aufmerksamkeit ausrichten, die Informationen verarbeiten, das Gelernte als Gewinn (Erfolg) erleben können, auf andere Bereiche übertragen und in anderen Sachzusammenhängen erneut anwenden (wiederholen).

(Das war gerade die ganze Lerntheorie auf zwei Sätze verkürzt.) Dazu ein Beispiel *(wiederholen):*
Sie kennen sich aus in der Rechtschreibung *(Sachzusammenhang).* Und da Sie dieses Buch lesen, wird sie das Thema Rechtschreiben auch interessieren *(Interesse).* Hier eine Rechtschreibregel, die sie kennen werden *(vom Bekannten ausgehen):* Wir trennen Wörter, indem wir einen einzelnen Konsonanten in die folgende Zeile übernehmen: ge-ben, lau-fen, usw. (Realitätsbezug/Beispiel). Wie trennen wir dann die Wörter: parallel, Magnet oder Legasthenie? (etwas Neues – jetzt *Aufmerksamkeit ausrichten)*
Legasthenie ist ein Fremdwort und ein zusammengesetztes zudem. Zusammengesetzte Wörter werden nach ihren sprachlichen Bestandteilen getrennt. *(Informationen verarbeiten,* bekannte Informationen verändern und ergänzen). Diese Zusatzregel nutzt Ihnen jedoch nur etwas, wenn Sie die sprachlichen Bestandteile des Wortes Legasthenie kennen *(Informationen* mit anderen Informationen *verknüpfen,* sonst . . .): lege-re – lesen, asthenie – Schwäche, also Leg-asthenie (Erfolgserlebnis? *Wissenszuwachs?).*
Wie nun trennt man „parallel" *(übertragen)?* Das Wort hat nichts mit dem griechischen „para" = Vernunft zu tun, sondern mit „par" = gleich. Bleibt uns noch die Trennung von Magnet. Hier funktionieren die Ausgangsregel und auch die Ergänzung nicht (erneut *umstrukturieren).* Schauen Sie im Duden nach *(Lösung selbst erarbeiten).* Jetzt wissen Sie, wie Magnet getrennt wird. Aber wissen Sie auch warum? (Noch immer Interesse?)
Schlagen Sie im Duden, Regel 179, 3. Unterregel, nach (erneutes *Erfolgserlebnis?).* Nun wird für Sie die Trennung der Wörter: Februar, neutral,

Kognition, Diplom und Magnesium kein Problem mehr sein. Aber hüten Sie sich davor, die gerade gelernte Regel auch auf deutsche Wörter zu übertragen. Sie gilt nur für Fremdwörter, nicht für Ereignis, Gegner, regnen oder Zeugnis *(erneutes Umstrukturieren)*.

> „Wichtig sind aber auch allgemeinere Lernvoraussetzungen wie Selbstvertrauen, Freude am Lernen, Konzentrationsfähigkeit, Merkfähigkeit, intellektuelle Neugierde, Denkfähigkeit, Kommunikations- und Kooperationsfähigkeit." (KMK-Beschluß 1978)

In den ersten beiden Klassen der Grundschule stehen die kognitiven Lernvoraussetzungen (z. B. Motorik, Sprachverarbeitung) im Vordergrund. Ganz anders ist es bei Kindern, die bereits viele Mißerfolgserlebnisse hinter sich haben. SchülerInnen mit gravierenden Rechtschreibschwierigkeiten in den Klassen 4, 5 oder 6 gehen diese wichtigen Lernvoraussetzungen (Lernfreude, Selbstvertrauen, intellektuelle Neugierde usw.) immer mehr verloren. Es macht daher keinen Sinn, hier mit Rechtschreibübungen anzufangen, ohne daß die Lernvoraussetzungen neu aufgebaut werden.

> SchülerInnen mit massiven Mißerfolgserlebnissen brauchen eine Förderung und Unterstützung der allgemeinen Lernvoraussetzungen. Die konsequente Vermittlung (und Herstellung) von Erfolgserlebnissen schafft erst den Nährboden für erfolgreiches Arbeiten im Problembereich.

2.7 Das Wirkungsgefüge des Lernens

Motivation, das Verschaffen von Erfolgserlebnissen, die konsequente Erfolgskontrolle und -rückmeldung, emotionaler Zuspruch und Vertrauen in die Leistungsfähigkeit und den Lernwillen des Kindes, Aufbau und Stärkung von Selbstvertrauen und Selbständigkeit, all dies ist kein Beiwerk, pädagogischer Schnickschnack auf dem Weg zum „Eigentlichen", der Rechtschreibung. Nein – das sind die Grundpfeiler des Lernens! Ohne sie geht nichts.

Eine entscheidende Wende in der Legastheniediskussion brachte Dieter Betz (BETZ und BREUNINGER 1982) mit seinem Strukturmodell „Teufelskreis Lernstörung". Er macht darauf aufmerksam, daß SchülerInnen mit einer Lernstörung qualitativ anders lernen. Damit wurde die Ursachendiskussion zweitrangig. Im Vordergrund von Diagnose und Förderung steht das individuelle Wirkungsgefüge des Lernens. (Eine kurze Beschreibung des Strukturmodells von BETZ finden Sie im Anhang A.)

Wie sich die Zeiten und Einstellungen ändern, ist auch an den Erlassen abzulesen. Im KMK-Beschluß von 1978 hieß es noch: „Fördermaßnahmen haben größere Aussicht auf Erfolg, wenn die Ursachen der Lernschwierigkeiten erkannt sind." Im Erlaß von Nordrhein-Westfalen liest sich dies schon anders:

> „Fördermaßnahmen haben größere Aussichten auf Erfolg, wenn bekannt ist, wie bei der einzelnen Schülerin oder dem Schüler die verschiedenen Lernbedingungen zusammenwirken, und wenn die Fördermaßnahmen hierauf abgestimmt sind."
>
> „Fördermaßnahmen haben größere Aussichten auf Erfolg, wenn das gesamte Bedingungsgefüge der LRS berücksichtigt wird."

Wenn sich die Teufelskreise erst einmal richtig drehen, gibt es aus ihnen kein Entrinnen mehr. Die anfänglichen Schwierigkeiten können sich dann mit der Zeit (manchmal auch ganz schnell) zu einer Lernstörung entwickeln. Das Kind selbst fühlt sich rundum als „Fersaghär", findet in anderen Bereichen keinen Ausgleich mehr und überträgt die Schwierigkeiten auf andere Fächer (Sachkunde, Rechnen, Englisch).

Entscheidend für die LRS-Förderung ist, ob es gelingt, diese Teufelskreise zu durchbrechen. Solange sich die Förderung allein auf die Rechtschreibung konzentriert, muß sie zwangsläufig scheitern.

3. Woran die LRS-Förderung häufig scheitert

Es waren nicht nur die Auseinandersetzungen der Wissenschaftler, die den Elan der 70er Jahre schnell dahinschwinden ließen. Viele LehrerInnen (und das waren nicht die schlechtesten, sondern engagierte) machten in ihren Förderkursen negative Erfahrungen. Trotz guter Vorbereitung, trotz zusätzlicher Förderstunden, trotz des guten Willens lernten einige SchülerInnen in der Grundschule nur unzureichend lesen und rechtschreiben.

In diesem Kapitel zeichne ich einige Bedingungen auf, die mehr oder weniger zwangsläufig dazu führen, daß die schulische LRS-Förderung häufig scheitert. Einige dieser Bedingungen sind von der Schule aus nicht leicht oder gar nicht zu ändern (z. B. fehlende Lehrerstellen). Bei anderen Gründen lohnt es, über die Wirkung bestimmter organisatorischer Maßnahmen auf die betroffenen SchülerInnen einmal nachzudenken (ausfallende Förderstunden, Förderzeit, Gruppengröße usw.).

Wenn wir verstehen, woran die LRS-Förderung in der Vergangenheit häufig gescheitert ist, können wir einerseits die Chancen, die durch die veränderten Rahmenbedingungen der neuen Erlasse gegeben sind, sinnvoll nutzen. Andererseits sehen wir die Risiken für die Förderung an den Stellen, die im Erlaß unverändert geblieben sind.

3.1 Die Förderung fängt zu spät an

Nach den Vorgaben im Fernstudienlehrgang war man darauf angewiesen, zur Selektion der LegasthenikerInnen einen Rechtschreibtest zu machen. Nur so konnte zweifelsfrei geklärt werden, ob eine SchülerIn „objektiv" Rechtschreibschwierigkeiten hatte oder nicht. Die Rechtschreibung kann man sinnvollerweise aber erst überprüfen, wenn den SchülerInnen die Grundlagen der Rechtschreibung bereits vermittelt wurde. Eine entsprechende Untersuchung konnte demnach frühestens Ende der Klasse 2 erfolgen, mit der Wirkung, daß ab der Klasse 3 Förderunterricht stattfinden konnte.

Vielen LehrerInnen ging diese Regelung gegen ihren pädagogischen Strich. Sie mußten in den ersten beiden Jahren mit ansehen, wie einige SchülerInnen beim Lesenlernen scheiterten, bevor eine gezielte Förderung einsetzen konnte. Die Vorstellung des Kultusministers war seinerzeit: zuerst

Förderung im Rahmen der inneren Differenzierung – reicht diese nicht aus, dann zusätzlicher Förderkurs.

Jede erfahrene LehrerIn, die schon mehrfach eine Anfangsklasse unterrichtet hat, weiß in der Regel schon nach wenigen Wochen, welche SchülerInnen beim Lesen- und Schreibenlernen Schwierigkeiten haben werden. Wenngleich wir auch über die Prävention und Frühförderung von Lesestörungen noch nicht sehr viel wissen, so liegt es doch auf der Hand, daß es unsinnig ist, SchülerInnen erst scheitern zu lassen, bevor eine gezielte Förderung einsetzen kann.

Das Hauptproblem ist hierbei, daß durch die Mißerfolge in den ersten beiden Schuljahren die Lernfreude, die Motivation und das Selbstvertrauen der SchülerInnen verlorengeht. Im Förderkurs muß dies dann mühsam wieder aufgebaut werden. Das kostet viel Zeit!

Bei einem späten Förderbeginn sind darüber hinaus viele Grundfertigkeiten des Lesen- und Schreibenlernens nicht oder nur noch schwer einzuüben. Eine Förderung der Motorik (insbesondere der motorischen Koordination und Graphomotorik) beispielsweise kommt in der Klasse 3 zu spät. Die Kinder haben zu diesem Zeitpunkt bereits „falsche" Kompensationen eingeschliffen und automatisiert. Diese sind nun kaum noch zu beheben.

Auch wird es mit zunehmendem Alter der Kinder immer schwieriger, Übungen in den Grundfunktionen attraktiv „zu verkaufen". Die zur Verfügung stehenden Trainingsmaterialien sind für den Vorschul-, Anfangs- und Sonderschulunterricht konzipiert. Einen Zehnjährigen kann man kaum noch mit altersgemäßen Übungen zu Schwungübungen „verführen". Übungen zur auditiven Diskrimination (Kopf oder Topf?; . isch – welcher Buchstabe steht am Anfang? usw.) oder Zuordnungshilfen wie beispielsweise die Lautgebärdensprache erleben neun- und zehnjährige Kinder als „puppig" und „Babykram".

Jede LRS-Förderung sollte so früh wie möglich einsetzen:
1. In den ersten beiden Klassen kann noch gezielt an den Lernvoraussetzungen gearbeitet werden.
2. Versagen und damit verbunden ein Verlust der Lernmotivation können vermieden werden.
3. Fehlende Erfolgserlebnisse führen weit seltener zu negativen Verhaltenskompensationen.
4. Das Kind macht frühzeitig die Erfahrung, ein Problem eigenständig gemeistert zu haben, und baut hierdurch eine verstärkte Bereitschaft zur Arbeit im Problembereich auf.

3.2 Konzentration der Förderung auf die Rechtschreibung

Gerade weil für ältere SchülerInnen kaum geeignetes Trainingsmaterial zur Verfügung steht, werden diese wichtigen Übungen fallengelassen. Schwungübungen, Übungen zur sprachlichen Analyse, Lautfolge oder optischen Gestalt der Schriftsprache finden nicht statt. Wo aber die Grundvoraussetzungen fehlen, ist das Üben im Problembereich (Lesen, Rechtschreiben) weit weniger erfolgreich.

Die schulische Förderung konzentriert sich in der Regel auf das Lesen und die Rechtschreibung und wird allzu oft auf die Beachtung und das Üben von Rechtschreibregeln reduziert. Eine Förderung in den Basisbereichen, die systematische Vermittlung von Schreib-, Lern- und Arbeitsstrategien, der Abbau von Mißerfolgs- und Versagensängsten, die Einübung von Entspannungstechniken, ein Besprechen der Verhaltenskompensationen usw. finden nicht statt.

Lernfreude, der Spaß am Lesen und Schreiben, muß bei vielen SchülerInnen, die in diesem Bereich bereits Mißerfolge hinnehmen mußten, erst langsam wieder aufgebaut werden. Das kommt nicht von selbst und schon gar nicht durch Rechtschreibübungen. In der Lehrerfortbildung (Fernstudienlehrgang) hat man all dies als „sekundäre" und „Randprobleme" beschrieben. Man hat so getan, als ob Lernfreude von selbst entsteht.

Das ist in der Regel nicht der Fall: Nur wenn wir erfolgreich lernen, entwickelt sich auch Lernfreude. Der Erfolg steht am Anfang. Hat das Kind ständig Mißerfolge, ist die Lernfreude und Motivation erst einmal verschwunden, dann verhindert oftmals das veringerte Selbstvertrauen erfolgreiches Lernen. In diesem Falle führen selbst noch so gute Methoden und ausgefeilte Förderkonzepte nicht zum Erfolg.

Massive Lernrückstände führen immer auch zu einer Beeinträchtigung des Selbstwertgefühls, der Motivation und zu Verhaltenskompensationen.

Besondere Fördermaßnahmen (LRS-Förderkurs) haben größere Aussicht auf Erfolg, wenn sie sich zunächst auf die Lernvoraussetzungen konzentrieren:
1. in den Klassen 1 und 2: Motorik und Wahrnehmung
2. selbständiges Arbeiten im Problembereich
3. Umgang mit Mißerfolgen und Angst
4. Abbau lernhemmender Erklärungen.

3.3 Fehlende Stellen für LehrerInnen

Von Beginn an waren die LRS-Förderkurse nicht fester Bestandteil der Stundentafeln. Auch waren Lehrerstellen hierfür nicht besonders vorgesehen. Die zusätzlichen Förderstunden müssen für jede Schule aus dem allgemeinen Stellenplan „finanziert" werden (F7).
Damit wird jede gezielte LRS-Förderung zu einem Zufallsprodukt. Schulen mit knapper Stellenbesetzung sind nicht in der Lage, Förderkurse über die in der Stundentafel vorgeschriebenen Unterrichtsstunden hinaus anzubieten. Solange LRS-Erlasse nicht durch zusätzliche Lehrerstellen abgesichert sind, wird es letztlich nur „per Zufall" und in einigen wenigen Schulen ein konsequentes zusätzliches Förderangebot geben.

Jede besondere LRS-Fördermaßnahme ist nicht nur für das Kind, sondern auch für die Schule mit einem großen Zeitaufwand verbunden.

Wenn die Kultusminister eine qualifizierte LRS-Förderung an ihren Schulen wollen, dann müssen sie hierfür auch Lehrerstellen schaffen.

Erlasse allein verbessern noch nicht die Förderung.

3.4 Förderkurse werden wegorganisiert

Eng mit dem Stellenplan verbunden ist die Praxis der Organisation der LRS-Förderkurse. Natürlich wissen wir, daß ein Förderunterricht in der 6. Unterrichtsstunde nur wenig hilfreich ist. Aber in der Praxis gibt es FahrschülerInnen mit festen Fahrplänen. Auch sind Springstunden den Kindern in der Grundschule nicht zuzumuten. Und ein anderer Unterricht soll für LRS-SchülerInnen auch nicht ausfallen – welcher auch? Es ist schwer, pädagogisch vernünftige Förderzeiten zu finden, die zugleich organisatorisch machbar sind.

Dann ist da auch noch das leidige Problem der ausgefallenen Unterrichtsstunden. Soll die SchulleiterIn die 28 Kinder in der 3. Stunde nach Hause schicken oder den LRS-Kurs für 12 Kinder ausfallen lassen? Auf dem Hintergrund der Legasthenie-Diskussion waren viele SchulleiterInnen und LehrerInnen ohnehin vom Erfolg und Sinn der LRS-Förderkurse nicht überzeugt. Um so leichter fiel ihnen die Entscheidung, den Förderkurs

„auch einmal" ausfallen zu lassen. Das wiederum wirkt nicht gerade ermutigend auf die betroffenen Kinder. So kann letztlich jeder Förderkurs „erfolgslos" gemacht werden.

Zuwenig wird die *Wirkung solcher nur zufällig stattfindenden Förderstunden* auf die betroffenen Kinder bedacht. Sie erleben, daß ihr Problem von der Schule nicht ernst (genug) genommen wird. „Wenn die Förderstunden bei allen möglichen Gelegenheiten (die für die Kinder nicht als besonders wichtig betrachtet werden) ausfallen können, dann sind sie für die LehrerIn auch nicht wichtig. Warum soll ich mich dann hierfür besonders einsetzen und die zusätzlichen Belastungen auf mich nehmen?"

Die häufig zu beobachtende Mutlosigkeit und Aversion von SchülerInnen gegen den LRS-Förderkurs haben ihren Ursprung u. a. auch in seiner Erfolglosigkeit. Durch organisatorische Mängel und Zwänge wird diese vorprogrammiert. Es ist allemal besser, keinen Förderunterricht anzubieten, als einen erfolglosen!

Besondere Fördermaßnahmen sind nur dann pädagogisch sinnvoll, wenn sie regelmäßig (immer) stattfinden.

3.5 Der Legasthenie-Stempel

Mit dem Legasthenie-Stempel waren die SchülerInnen zwar das Stigma des Hilfsschülers losgeworden. Dafür handelten sie sich jedoch eine nicht weiter erklärbare „Krankheit" ein. Die Beschreibung wurde zur Ursache: „Ich kann nicht Rechtschreiben, weil ich Legastheniker bin!" Und weil diese Kinder ja letztlich krank oder doch zumindest irgendwie gestört und nicht „normal" sind und nichts dafür können, brauchen sie einen besonderen Schutz – den Notenschutz.

Die Freistellung von der Benotung im Diktat wurde für viele Eltern und LehrerInnen zur „eigentlichen" Konsequenz aus dem Etikett Legasthenie hochstilisiert. Nur wer keine Note bekommt, ist auch ein wirklicher Legastheniker – oder: ein Legastheniker darf keine Rechtschreibnote bekommen. Noch heute erhitzen sich die Gemüter an diesem Punkt, und schon lange ist es eher eine politische denn eine pädagogische Frage, ob Legastheniker benotet werden sollen/dürfen oder nicht.

Nicht einmal die Kultusminister mochten sich, die starke Legasthenie-Lobby im Rücken, in dieser Frage einigen und hielten in ihrem KMK-Beschluß ein ausweichendes Entweder-oder-sowohl-als-auch fest:

„Die Bewertung der Leistungen im Lesen und Rechtschreiben geschieht unter pädagogischen Gesichtspunkten. Das kann z. B. bedeuten:
- die Leistung wird nur verbal und ohne Bezug zum herkömmlichen Notensystem beurteilt;
- die Leistung wird durch Noten und zusätzliche durch eine verbale Aussage beurteilt."

Aber das ist doch kein pädagogischer Gesichtspunkt, der hier „z. B." aufgezeigt wird! Jede LehrerIn weiß, daß für Eltern und Kinder allein das zählt, was unter dem Diktat steht: „ungenügend". Die „verbalen Aussagen" sind „Tröstungs-" oder „Verharmlosungsversuche". Und warum soll die Leistung Lese-/Rechtschreibschwacher nur „verbal . . . beurteilt" werden? Ist nicht ein aufmunternder, ermutigender Satz unter dem Diktat viel wichtiger – und pädagogischer?

Mit solchen Verschleierungen sind Konflikte zwischen LehrerInnen und Eltern vorprogrammiert. Im Grunde genommen ist die ganze Diskussion um die Notenbefreiung für LRS-SchülerInnen rechtlich wie pädagogisch überholt.

Es ist auch zu fragen, ob sich an diesem Thema in der Vergangenheit nicht unnötig die Gemüter erhitzt haben. Nach den neuen Richtlinien für das Fach Sprache steht es jeder LehrerIn frei, ob sie eine schriftliche Arbeit als Klassenarbeit wertet (und benotet). Sie kann die Aufgabe für einige SchülerInnen durchaus anders stellen oder als schriftliche Übung werten (und nicht benoten).

Beim Zeugnis ist dies schon anders. Hierfür gibt es verbindliche Rechtsvorschriften und Gesetzesgrundlagen. Allerdings: In der ganzen Schulzeit gibt es nur vier Zeugnisse, auf denen explizit eine Rechtschreibnote ausgewiesen wird (Grundschule Klasse 3 und 4). Rechtfertigen diese vier Noten das große Geschrei, das um die Notenbefreiung gemacht wird. Die einen sehen die Grundfesten des Schulsystems durch die Abschaffung der Rechtschreibnote erschüttert, die anderen tun so, als ob die Notenbefreiung der zentrale Punkt der LRS-Förderung sei.

Nach meiner Erfahrung spielt die Rechtschreibnote für das Gelingen der LRS-Förderung eine eher untergeordnete Rolle. Das Wirkungsgefüge einer jeden Lernstörung ist von Kind zu Kind verschieden. So muß auch die Frage nach der Benotung von Kind zu Kind neu entschieden werden. Auch das ist eine pädagogische Aufgabe. Eine generelle Notenbefreiung favorisiert nur eine Lösung. Aber diese ist nicht in jedem Fall eine pädagogische!

Natürlich kann die Note „ungenügend" durchaus die Mißerfolgs-Erwartungshaltung der Betroffenen verstärken und stabilisieren. Hierdurch wird die Förderung nachhaltig erschwert – sie kann, muß aber nicht!

Der Druck, der durch die schlechte Note bei Kindern wie Eltern entsteht, kann auch die Motivation unterstützen, am Problem zu arbeiten – das kann so sein, muß aber nicht!
Der Wegfall der Note läßt für viele auch das Problem „aus den Augen" verschwinden (keine Note – kein Problem). Auch dies kann eine Förderung behindern – kann, muß aber nicht!

Ob die Rechtschreibnote für die LRS-Förderung hilfreich oder schädlich ist, kann nur im Einzelfall entschieden werden.

Eine genereller Notenschutz ist pädagogisch genauso wenig sinnvoll wie eine generelle Notenpflicht.

Und noch ein letztes: Alle pädagogischen Argumente gelten letztlich nicht nur für lese-/rechtschreibschwache SchülerInnen, sondern für alle. Notenbefreiung als Privileg nur für eine bestimmte Gruppe von SchülerInnen ist nicht sinnvoll. Richtiger und sinnvoller ist es, für die Abschaffung einer generellen Benotung einzutreten, wie dies die Grundschulverbände seit langem fordern. Pädagogische Argumente für die Beurteilung durch eine sechsstufige Notenskala gibt es nicht.
Die Auseinandersetzung um die Notenbefreiung hat zu vielen (oftmals tragischen) schulischen Kuriositäten geführt. In meinen Gruppen waren Kinder, die bekamen keine Note, obwohl sie nur drei Fehler im Diktat hatten, „weil sie anerkannte Legastheniker" waren. Andere bekamen nur „6en", „weil es an unserer Schule keine Legasthenikergruppen gibt". An einer Hauptschule konnten LRS-SchülerInnen nur am Förderkurs teilnehmen, wenn die Grundschule auf dem Abgangszeugnis keine Rechtschreibnote erteilt hatte. „Wir haben keinen Legasthenie-Lehrer und müssen uns deshalb auf das Urteil der Grundschule verlassen. Außerdem entwickelt sich eine Legasthenie nicht erst in der 5. Klasse."
Gerade in diesem letzten Argument steckt so etwas wie: Legasthenie als lebenslängliches Stigma. Wer Ende der Klasse 2 die „Legasthenikerprüfung" „erfolgreich" überstanden hat, erhält (zumindest auf der Grundschule) für den Rest der Zeit keine Note mehr.

Wichtiger als der Wegfall der Leistungsbewertung ist es, den SchülerInnen Aufgaben zu stellen, die sie mit Erfolg bewältigen können.

3.6 Unterschätzung der Förderdauer

Völlig unterschätzt wurde und wird in der schulischen Praxis die Dauer einer vernünftigen LRS-Förderung. In der außerschulischen therapeutischen Praxis gehen Pädagogen und Psychologen von einer Mindestförderdauer von zwei Jahren aus. Schnelle Erfolge sind nicht zu erwarten.

> Der Aufbau von Lesefähigkeit und Rechtschreibfertigkeiten, der Abbau von Lücken, Mißerfolgserwartungshaltungen und Schreibängsten, die Stärkung des Selbstvertrauens, eigenverantwortlichen Arbeitens und realistischer Selbsteinschätzung – all dies braucht viel Zeit und ist nicht „mal eben" in einer Förderstunde pro Woche zu erreichen.

Die Reduzierung des LRS-Förderkurses auf eine Stunde ist oftmals das einzige, was eine SchulleiterIn für die LRS-SchülerInnen „herausschinden" kann. „Besser eine Förderstunde pro Woche als gar keine" ist hierbei die Devise. So gut gemeint dies auch ist, das Gegenteil ist in der Regel der Fall. Eine Stunde pro Woche reicht nicht aus, um Regeln zu vertiefen, Selbstvertrauen aufzubauen, Lücken zu schließen, Kompensationen aufzubauen, Mut zu machen, neue Fertigkeiten einzuüben usw. Meist machen die SchülerInnen durch diese „verkürzte" Förderung die Erfahrung: „Jetzt bekomme ich schon Förderunterricht, aber im Diktat habe ich immer noch ein ‚ungenügend'. Förderunterricht hilft bei mir auch nicht mehr."

> Besser keine besondere LRS-Förderung als eine verkürzte.

Die Zeit, die für eine sinnvolle Förderung benötigt wird, ist durchaus unterschiedlich. Allgemein läßt sich sagen, daß der Zeitraum um so länger ist, je später die Förderung einsetzt. In den Klassen 1 und 2 sind manchmal halbjährliche oder auch nur Förderungen von wenigen Wochen erfolgversprechend. Massive Rechtschreibprobleme in der Sekundarstufe werden kaum in einem einjährigen Förderkurs abgebaut werden können. Hier ist eine tägliche Förderung notwendig.

3.7 Zu große Fördergruppen

Zu den Bedingungen, die eine Förderung erschweren und den Erfolg in Frage stellen, gehört auch die Größe der Fördergruppe. Die KMK-Empfehlung geht hier von einer recht realistischen Einschätzung aus: Die Fördergruppen „sollen in der Regel 4 bis 8 Schüler umfassen."

Gerade weil das Bedingungsgefüge der Lernstörung von Kind zu Kind sehr verschieden ist, sind kleine Fördergruppen die einzig hilfreiche Möglichkeit für eine erfolgreiche Förderung. Doch diese sinnvolle Einschätzung fällt in der Praxis allzu oft organisatorischen Zwängen zum Opfer. Auch hat sich in vielen Köpfen die magische Zahl „Zwölf" als geeignete Größe für Fördergruppen festgesetzt. Es mag organisatorische Gründe für diese Zahl geben, pädagogische gibt es nicht. Bei zwölf Kindern ist es schlechterdings unmöglich, jedem einzelnen mit seinen individuellen Lernschwierigkeiten und Bedürfnissen gerecht zu werden.

Andererseits ist dies auch nicht in jedem Falle unbedingt erforderlich. Es gibt durchaus Themen, die auch mit größeren Gruppen erfolgreich behandelt werden können (z. B. motorische Förderung, Entspannungstraining, Einüben von Lern- und Arbeitstechniken, Strategietraining). Insbesondere bei größeren Schulen hat es sich als hilfreich erwiesen, zunächst von kleineren Gruppen auszugehen und für bestimmte Themen im LRS-Förderkurs dann zwei Gruppen zusammenzufassen.

Eine Gruppengröße von vier bis sechs SchülerInnen sollte nicht überschritten werden, wenn
- zwischen den SchülerInnen große Leistungsunterschiede bestehen
- keine oder nur noch eine sehr geringe Motivation zum Arbeiten im Problembereich besteht oder
- massive Ängste in Leistungsanforderungssituationen bestehen
- wenn die SchülerIn die Mißerfolge in besonderem Maße mit unangemessenen Verhaltensweisen (aggressiv, gehemmt, clownhaftes Verhalten) kompensiert.

3.8 Die Förderung endet zu früh

„Es ist davon auszugehen, daß durch die Förderung in den Jahrgangsstufen 1 bis 6 Schwierigkeiten im Lesen und Rechtschreiben im wesentlichen behoben sind." (KMK-Empfehlung 1978)

Richtig! Die Schwierigkeiten sollten Ende der Klasse 6 behoben sein. Doch leider ist dies nicht in jedem Fall möglich. Jede HauptschullehrerIn weiß, daß das Rechtschreibproblem häufig am Ende der Klasse 6 nicht behoben ist. Sie können mit einer solchen Regelung nicht zufrieden sein.

Wir haben in der Bundesrepublik eine Schulpflicht. Die Schule hat die

Aufgabe, Lesen und Schreiben zu vermitteln. Sie ist auch dann zuständig, wenn der Lese- und Schreiblernprozeß bis zur Klasse 6 noch nicht erfolgreich verlaufen ist – aus welchen Gründen auch immer! Sie kann nicht irgendwann einen Schlußstrich ziehen und sagen: Bis zur Klasse 6 hätte die Förderung erfolgreich verlaufen müssen, ab jetzt gibt es keine mehr – tut mir leid.

Vorbildlich ist hier der nordrhein-westfälische LRS-Erlaß, der die Einrichtung von LRS-Förderkursen von Klasse 1 bis 10 durchaus ermöglicht.

Anregungen für die Praxis:

Wenn Sie in Ihrer Schule pädagogische Konferenzen zur LRS-Förderung gestalten wollen, dann können Sie auf umfangreiche Fortbildungsmaterialien zurückgreifen, die vom Landesinstitut für Schule und Weiterbildung Soest entwickelt wurden. (Soester Verlagskontor, Jakobistr. 46, 4770 Soest)

3.9 Die LRS-Förderung geht jede Schule an

Es wurde schon darauf hingewiesen, daß die LRS-Förderung weitgehend als eine Angelegenheit der Grundschule gesehen wird. So steht es auch noch in den KMK-Empfehlungen. Die meisten Probleme mit LRS-SchülerInnen haben aber nicht die Grund-, sondern die Haupt- und Gesamtschulen. Solange die Diktate gut vorgeübt werden, treten viele Rechtschreibschwierigkeiten gar nicht in Erscheinung. Erst mit Beginn der Klasse 4 werden sie gravierender und für Eltern wie SchülerInnen drängender. Doch das Jahr ist schnell vorbei und damit das Problem aus der Grundschule „entlassen".

Über 50 Prozent der Kinder wechseln heute auf ein Gymnasium oder eine Realschule. Hauptschulen bemängeln bei 30 bis 50 Prozent ihrer SchülerInnen gravierende Rechtschreibschwierigkeiten. Allein aus diesen Zahlen wird deutlich, daß das Problem für die Grundschulen quantitativ von weitaus geringerer Bedeutung ist als für die Haupt- und Gesamtschulen. Gravierende Rechtschreibschwierigkeiten treten „lediglich" bei 5 bis 15 Prozent der Kinder auf, das sind zwei bis drei in jeder Klasse. In einer Hauptschulklasse sind es 10 bis 15. Es ist daher nur gut zu verstehen, daß bei den HauptschullehrerInnen die Sensibilität und das Interesse am Thema LRS sehr groß ist.

Daß nur an wenigen Gymnasien und Realschulen LRS-Förderkurse angeboten werden, liegt auf der Hand. (LRS-SchülerInnen gehören da nicht hin.) Nur langsam setzt sich bei diesen Schulen die Erkenntnis durch, daß LRS nichts mit mangelnder Intelligenz zu tun hat. Ein Albert Einstein hätte auch heute noch an unseren Gymnasien keine Chance.

4. Die Analyse der Lernschwierigkeiten

Früher beschränkte sich die Untersuchung auf die Frage: Ist das Kind ein Legastheniker oder nicht (Selektionsdiagnose)? Heute steht die Frage im Vordergrund: Was muß ich wissen, um ihm gezielt helfen zu können (Förderdiagnose)? In diesem Kapitel zeige ich auf, daß sich die schulische Diagnose nicht darauf beschränken darf, psychologische und Leistungstestverfahren durchzuführen. Die Stärke der pädagogischen Diagnostik liegt in anderen Methoden.

4.1 Analyse des Bedingungsgefüges

Um LRS-SchülerInnen gezielt fördern zu können, ist es wichtig zu wissen, wie umfangreich die Lücken sind und welche Lese- und Rechtschreibschwierigkeiten bestehen. Darüber hinaus und mindestens genauso wichtig ist es zu wissen, wie das Kind lernt, wie es mit Mißerfolgen umgeht und inwieweit es selbst bereit ist, an den Lücken etwas zu ändern. Die Durchführung eines Rechtschreibtests mag zwar in manchen Fällen hilfreiche zusätzliche Informationen erbringen, zur Durchführung einer gezielten Förderung reicht sie jedoch nicht.

Wichtige Bereiche für die Analyse der Lernschwierigkeiten sind:
1. Lese- und Schreiblernvoraussetzungen
2. Schulische Bedingungen
3. Lern- und Arbeitsverhalten
4. Selbstkonzept und Lernmotivation
5. soziale Kompensationen
6. Reaktionen der Umwelt
7. Leistungsdefizite

1. Lese- und Schreiblernvoraussetzungen
In den ersten beiden Klassen der Grundschule stehen die Lese- und Schreiblernvoraussetzungen im Vordergrund der Diagnose. Als wichtige Risikofaktoren nehmen wir heute an:
- motorische Koordination
- sensorische Integration
- Sprache und Sprachverarbeitung

- visuelle Differenzierung
- sprachliche Merkfähigkeit
- Seh- und Hörfähigkeit

Gravierende Schwierigkeiten (Störungen, Entwicklungsrückstände) in diesen Bereichen erschweren den Lese- und Schreiblernprozeß sowie das Erlernen des Rechtschreibens. In den ersten beiden Klassen wird sich die Förderung bei LRS vornehmlich auf diese Bereiche konzentrieren.

2. Schulische Bedingungen

Nicht unerheblich ist es, auch verschiedene schulische Bedingungen in die Analyse der Rechtschreibschwierigkeiten einzubeziehen. Von Bedeutung sind hier:
- Didaktik und Methodik des Lese- und Schreiblehrgangs sowie des Rechtschreibunterrichtes
- die Ausgangsschrift (Druckschrift, Vereinfachte Ausgangsschrift, Lateinische Ausgangsschrift)
- häufiger Wechsel der LehrerIn in der ersten Klasse
- Verhalten der LehrerIn im Umgang mit Lernschwierigkeiten
- Kompetenz und Erfahrung der LehrerIn (Wie oft hat die LehrerIn bereits eine Klasse 1 im Anfangsunterricht Sprache unterrichtet? Hat Sie sich in diesem Bereich durch Fortbildungen besonders qualifiziert?)
- Stellenwert der LRS-Förderung in der Schule und bei der KlassenlehrerIn
- Zusammensetzung der Klasse (viele Ausländerkinder, vermehrt Kinder aus hoher sozialer Schicht usw.).

3. Lern- und Arbeitsverhalten

Bei der Analyse der Lernschwierigkeiten ist zu beachten, daß das allgemeine Lern- und Arbeitsverhalten häufig nicht mit dem Lern- und Arbeitsverhalten im Problembereich übereinstimmt. Ein Kind kann sich beispielsweise im Mathematik gut konzentrieren oder im Fach Kunst ausdauernd arbeiten. Beim Lesen und Schreiben jedoch ist es unkonzentriert, vergißt leicht und arbeitet unordentlich und lustlos.

Wenn solche Unterschiede im Lern- und Arbeitsverhalten auftreten, macht es nur wenig Sinn, mit solchen Kindern allgemeine Konzentrationsübungen durchzuführen oder effektive Techniken zum Arbeitsverhalten einzuüben. Wichtiger wird es hier sein, zunächst an der Lernmotivation zu arbeiten.

Bei der Analyse des Lern- und Arbeitsverhaltens geht es in erster Linie um das Lernen und Arbeiten im Problembereich.

- Konzentration (beim Lesen und Schreiben)
- Anstrengungsbereitschaft
- Umgang mit Mißerfolgen
- Arbeitshaltung
- Selbständigkeit beim Arbeiten und Üben

4. Selbstkonzept und Lernmotivation

Gerade in höheren Klassen (etwa ab Klasse 4) wirken die vielen Mißerfolge zurück auf das Selbstwertgefühl der SchülerInnen. Für die Förderung ist es wichtig zu wissen, was sich die einzelnen SchülerInnen zutrauen, wie sie selbst ihre Schwierigkeiten einschätzen und wie bereit sie sind, an ihren Schwierigkeiten zu arbeiten. Zur Analyse gehört daher auch herauszufinden:

- ob die SchülerIn lernhemmende Erklärungen für ihre Schwierigkeiten aufgebaut hat („Mein Bruder und mein Vater haben die gleichen Schwierigkeiten, das hab ich geerbt.")
- wie groß die Motivation ist, am Problem zu arbeiten?
- wieviel Selbstvertrauen, Zuversicht und Selbstsicherheit das Kind mit bringt.
- wie abhängig es sich von fremder Hilfe fühlt.

5. Soziale Kompensationen

Je mehr Anerkennung (von Eltern, MitschülerInnen, der LehrerIn) dem Kind durch die LRS verlorengeht, desto mehr wird es versuchen, sich Anerkennung in einem anderen Bereich zu verschaffen. Für die Förderung ist es wichtig zu wissen, wie gelungen diese sozialen Kompensationen sind. Gelungene soziale Kompensationen erschweren auch die Förderung (Motivation ist geringer).

- Wodurch erhält das Kind soziale Anerkennung? (Klassenclown, „starker Mann", sozial angepaßtes und liebes Verhalten usw.)
- Hat es einen erfolgreichen Ausgleich zu den Lernschwierigkeiten (in einem anderen Fach, im Freizeitbereich)?

6. Reaktionen der Umwelt

Nicht unterschätzt werden sollte für die Förderung die Bedeutung der Reaktion der Eltern und MitschülerInnen auf die Lernschwierigkeiten.

Eltern, die gelassen – und ohne Druck auszuüben – auf die Lernschwierigkeiten ihres Kindes reagieren, können durchaus in die Förderung mit einbezogen werden (z. B. Wörter aus der Lernkartei diktieren). Vor übereifrigen Eltern hingegen muß die Schule das Kind schützen. Das Einbinden dieser Eltern in die Förderung kann schnell zu einer Verschärfung des

Problems führen. Es ist daher wichtig, im Gespräch mit den Eltern genau zu beobachten und hinzuhören, wie diese die Schwierigkeiten ihres Kindes sehen, welche Erklärungen sie sich hierfür zurechtgelegt haben und wie sie zu Hause hierauf reagieren. Erst dann können Sie entscheiden, ob das Üben zu Hause für die SchülerIn hilfreich ist.

Gehen die MitschülerInnen mit „schwachen" SchülerInnen gelassen um und wird ihr Verhalten von der betroffenen SchülerIn auch als hilfreich erlebt, kann auch eine Förderung im Rahmen der inneren Differenzierung zum Erfolg führen. Zeigen sich jedoch Stigmatisierungen („Der ist immer so langsam." „Ewig müssen wir auf den warten." „Der kann ja nicht mal richtig lesen."), werden auch „leichte" Lernschwierigkeiten nur schwer im Klassenverband abzubauen sein, braucht die betroffene SchülerIn den Schonraum einer Fördergruppe.

7. Leistungsdefizite

Die Feststellung des Ausmaßes der Lernlücken stand früher im Mittelpunkt der Analyse der Lernschwierigkeiten. Seitdem das Wirkungsgefüge der Lernschwierigkeiten in den Vordergrund der Betrachtung gerückt ist, bekommt die Feststellung des Leistungsdefizites eine untergeordnete Rolle. Sie ist in erster Linie wichtig, um:

– den Lernverlauf und Fördererfolg „objektiv" feststellen zu können, damit die eingesetzten Methoden rechtzeitig korrigiert werden können und

– die SchülerInnen eine treffende Erfolgsrückmeldung über ihren Lernerfolg bekommen können.

Für die Planung der Fördermaßnahme ist die quantitative Feststellung der Lernrückstände nicht von großer Bedeutung. Viel wichtiger ist zu analysieren, welche Fehler gemacht werden (siehe Kap. 6 und 7).

4.2 So genau wie nötig

Wenn wir etwas messen, brauchen wir einen Zollstock als Vergleichsmaß. Länge, Höhe, Breite, Weg und Strecke werden mit einem allgemein anerkannten Maß gemessen. Je genauer wir dieses Vergleichsmaß definieren können, desto genauer können wir auch messen. Ungenaue Maße (Schritt, Elle, Tagwerk) führen auch zu ungenauen Messungen. In der Physik und Mathematik können wir ungenaue Maßeinheiten nicht gebrauchen. Aber auch hier gilt, daß nicht alles genau sein muß. Der Maurer mauert zentimetergenau, der Schrank muß auf den Millimeter passen, was für den Schleifer oder Dreher unvorstellbar grob wäre. In der Wissenschaft gibt es exakt definierte Maße, doch in der Praxis ist genau und genau zweierlei. Wenn der Maurer auf Millimeter achtet, bekommt er das Haus nicht fertig. Ihm reichen Wasserwaage, Lot und Zollstock, für den Feinmechaniker oder Elektroniker völlig unbrauchbare Instrumente.

In der Psychologie und Pädagogik ist das nicht anders. Manche Dinge müssen wir genau wissen, um sicher entscheiden zu können, bei anderen reicht ein „ungefähr" oder „etwa". Bei der Analyse der Lernschwierigkeiten müssen wir nicht alles genau und bis ins Detail wissen. Würden Sie alle relevanten Bereiche mit standardisierten Verfahren erfassen wollen, kämen Sie nicht mehr zu Ihrer eigentlichen Aufgabe, dem Unterrichten.

> In der Regel reicht es, wenn Sie sich bei der Analyse auf die beiden wichtigsten pädagogischen Diagnoseverfahren stützen:
> – die Erfahrung aufgrund kontinuierlicher Beobachtung und
> – die gezielte Beobachtung bei auftretenden Schwierigkeiten.

Reichen die hierbei gewonnenen Erkenntnisse nicht aus, wird es sinnvoll sein, genauere Verfahren (Funktionsproben und informelle Tests) einzusetzen. Nur im Ausnahmefall, wenn Ihre Erfahrung nicht ausreicht oder Sie sich Ihrer Einschätzung nicht hinreichend sicher sind, werden Sie auf standardisierte Testverfahren zurückgreifen (müssen).

4.3 Kontinuierliche Beobachtung

Sie sind jeden Tag über mehrere Stunden mit Ihren SchülerInnen zusammen. Unbewußt speichern Sie zu jedem eine Fülle von Informationen (Verlaufsdiagnostik). Diese werden, ebenfalls meist unbewußt, mit den bisherigen Erfahrungen aus anderen Klassen und mit der Leistung anderer SchülerInnen verglichen (vergleichende Diagnostik). Mit Fragen überprüfen Sie, ob Ihr Unterricht zum angestrebten Ziel führt oder nicht (Erfolgskontrolle, Kontrolldiagnostik). Aus all dem entsteht ein nicht genau beschreibbares pädagogisches Gespür. In der Regel verlassen Sie sich auf diese Intuition – und Sie fahren gut dabei.

> Marianne ist ein liebes hilfsbereites Mädchen. Lesen und Schreiben machen ihr Spaß. Oft holt sie sich aus der Bücherei Bücher, und gelegentlich bringt sie auch eins zum Vorlesen mit in die Schule. Rechnen fällt ihr schwer. Solange Aufgaben in den Grundrechenarten gerechnet wurden, kam sie noch gut zurecht. In großen Zahlenräumen und bei Textaufgaben ist sie unsicher. Sie ist Einzelkind, die Eltern sind Akademiker.

Zu Hause bekommt sie viel Zuwendung und Unterstützung. Marianne ist andererseits aber auch ein ängstliches Kind. Sie gerät schnell unter Druck, wenn schwierigere Aufgaben gestellt werden. Vielleicht, so denken Sie sich, besteht ein Zusammenhang zwischen ihrer Ängstlichkeit und den hohen Erwartungen der Eltern.

Bei Rechenarbeiten wirkt Marianne verkrampft und nervös. Sie rechnet drauflos, ohne lange nachzudenken. Bei einem Aufsatz hingegen ist sie in ihrem Element. Da reicht meist die Zeit nicht aus, alle Ideen und Gedanken zu Papier zu bringen. Hier ist sie locker und gelöst.

Olav ist Ihr schwächster Schüler und Ihr Sorgenkind. Ihm fällt das Lernen in allen Bereichen schwer. Im Sozialverhalten kann er sich nicht an Regeln halten und hat oft Streit mit seinen MitschülerInnen. . . .

Klaus ist eher schwankend in seinen Leistungen. Im Fach Mathematik gehört er zu den Besten, in Sprache zum unteren Durchschnitt. Meist macht er viele Fehler in Rechtschreibübungen, manchmal verblüfft er Sie durch ein überraschend gutes Ergebnis. . . .

> Das wichtigste pädagogische Instrument der Diagnose von Lernschwierigkeiten ist die kontinuierliche Beobachtung der SchülerInnen im Unterricht (Erfahrung, Intuition).

In der Regel wissen Sie über Ihre SchülerInnen eine ganze Menge. Natürlich schreiben Sie sich all Ihr Wissen darüber nicht auf. Doch unbewußt nutzen Sie diese Informationen im Unterricht. Sie vergleichen die Schüler mit denen, die sie einmal unterrichtet haben. So entsteht ein fester Bezugsrahmen, auf dessen Hintergrund Sie Ihre SchülerInnen einordnen können. Ihre Erfahrung, Ihr pädagogisches Gespür ist die wichtigste Grundlage jeder pädagogischen Diagnostik.

Anregungen für die Praxis:

In gewisser Weise geht es Ihnen wie den Eltern. Beim ersten Kind sind sie noch unsicher, und jeder kleine „Pup" wird sorgenvoll betrachtet. Beim dritten Kind sind sie schon viel gelassener. Sie wissen genau, wann sie sich Sorgen machen müssen und welches Fieber wieder vorbeigeht.

Erfahrung kann man nicht lernen, man muß sie machen. Das gilt insbesondere für den Anfangsunterricht. Erst wenn Sie mehrmals eine Klasse 1 unterrichtet haben, werden Sie ein sicheres Gespür dafür entwickeln, welche Schwierigkeiten „normal" sind, wo Sie mit Geduld reagieren und bei welchen Kindern Sie frühzeitig eingreifen müssen.

Wenn Sie über diese Erfahrung noch nicht verfügen, sollten Sie sich die Kinder ansehen, bei denen Sie mit Ihren Methoden nicht weiterkommen. Betrachten Sie dieses Scheitern nicht als ein persönliches (ich habe versagt), sondern als eine Chance zu erfahren, wie dieses Kind (anders) lernt.

Wir können am meisten von den Kindern lernen, die von uns am wenigsten lernen.

Schuldsuche und Schuldzuschreibungen helfen nicht weiter. Sie führen zu Vorurteilen und vorschnellen Erklärungen. Hüten Sie sich daher vor vorschnellen Erklärungen, die einer bestimmten Person (Kind, Eltern, KollegIn) Schuld am Versagen zuschreibt (die Eltern üben nicht mit Paul, Mirko ist unkonzentriert, Steffen kann sich nichts merken usw.).

4.4 Informelle Verfahren

In der Regel werden Sie Ihre kontinuierlichen Beobachtungen von Zeit zu Zeit durch informelle Verfahren kontrollieren. Dabei vergleichen sie die einzelnen SchülerInnen nicht allein mit Ihrer Erfahrung, verlassen sich nicht allein auf Ihr Gespür, sondern stellen eine „Aufgabe für alle" (oder für eine Teilgruppe der Klasse). Informelle Verfahren orientieren sich immer an einer kleinen, nicht repräsentativen Vergleichsgruppe. Die gestellten Aufgaben sollen einen für die Fragestellung hohen Informationswert haben – mehr nicht.

Die informellen Verfahren sind das klassische pädagogische Diagnoseinstrument. Hierzu gehören die Klassenarbeiten genauso wie die in vielen Lehrbüchern aufgeführten Fragenkataloge.

Das Maß für informelle Verfahren ist ein vorher festgelegter auf die Schülergruppe bezogener Leistungsstandard. Wollen sie beispielsweise wissen, ob Ihre SchülerInnen das angestrebte Lernziel erreicht haben, so stellen Sie Aufgaben zusammen, die Ihnen möglichst genaue Informationen (= informelles Verfahren) über den jeweiligen Leistungsstand geben können (Lernzielkontrolle). Wenn Sie wissen wollen, was Ihre SchülerInnen schon können, werden Sie Aufgaben unterschiedlicher Schwierigkeit zusammenstellen (Messung der Leistungshöhe). Interessiert Sie, was bestimmte SchülerInnen können und in welchen Bereichen sie Schwierigkeiten haben, werden Sie Aufgaben aus den verschiedensten Bereichen (z. B. Rechtschreibschwierigkeiten wie Dehnung, Dopplung, v/f, qu usw.) heraussuchen (Messung der Leistungsbreite).

Nehmen wir an, Sie haben sich in der letzten Woche mit dem Rechtschreibproblem „qu" beschäftigt. Die SchülerInnen haben verschiedene Wörter mit „qu" gesammelt, aufgeschrieben, in ihre Lernkartei aufgenommen und geübt. Sie haben im Kinder-Duden Wörter mit „kw" gesucht – aber keines gefunden. Also: „kw" gibt es nicht; wann immer wir „kw" hören, schreiben wir „qu".

Am Ende der Woche wollen Sie überprüfen, ob die SchülerInnen das Ziel der Woche erreicht haben und kündigen an: „Wir schreiben heute einen Test mit vielen ‚Qu-Wörtern'." Quelle, Quark, Quatsch, quaken usw. kommen in dem Text vor.

Olav schreibt (wie zu erwarten): Qwäle, Kwakr und Kawatsch. Über Marianne und Klaus sind sie erstaunt. Während Klaus alle „Qu-Wörter" richtig schreibt, macht Marianne unmögliche Fehler: Quälle, Qwatsch und – kaum zu glauben: Qunst anstatt Kunst.

Informelle Verfahren haben den Vorteil, daß sie leicht zu handhaben sind und gezielt auf den Bereich zugeschnitten werden können, der überprüft werden soll. Allerdings sind sie, und das ist ihr Nachteil, nicht sehr genau.

Die Zusammenstellung des Verfahrens hängt von Ihrem Geschick (Ihrer Erfahrung) ab, und das Ergebnis läßt keine allgemeinen Aussagen zu. Der Aufsatz ist von Ihrer persönlichen Einstellung abhängig und kann letztlich nur subjektiv bewertet werden. Oft messen wir auch gar nicht das, was wir durch das informelle Verfahren messen wollen (siehe das Beispiel von Marianne auf den nächsten Seiten). Für den pädagogischen Alltag jedoch reichen informelle Verfahren aus.

Anregungen für die Praxis:

Klassenarbeiten und Übungsaufgaben lassen sich in vielfältiger Weise auch zu gezielten Problemanalysen heranziehen. Gerade bei SchülerInnen mit besonderen Schwierigkeiten sollten Sie hier nicht beim Zählen der Fehler stehenbleiben.

Daran, wie einzelne Wörter geschrieben werden, läßt sich oftmals schon erkennen, welche Schwierigkeiten das Kind hat. Kinder mit Schwierigkeiten bei der *sprachlichen Durchgliederung* erkennen Sie daran, daß sie
– Buchstaben auslassen (Kaft statt Kraft),

- die richtige Reihenfolge der Buchstaben nicht einhalten (Vatre statt Vater) oder
- unlesbare Wortruinen schreiben (tula statt Butter).

Motorische Schwierigkeiten erkennen Sie immer auch am Schriftbild des Kindes. Der beste Indikator hierfür ist die isolierte Betrachtung einzelner Buchstaben. Schneiden Sie sich aus einer Karteikarte ein kleines Fensterchen aus und schauen Sie sich den gleichen Buchstaben (z. B. das „a") an verschiedenen Stellen im Heft des Kindes an. Kinder mit motorischen Auffälligkeiten schreiben den gleichen Buchstaben immer wieder anders. (Als Umkehrung hierzu: Die persönliche Unterschrift als beste automatisierte graphomotorische Bewegung ist nahezu „fälschungssicher".)

Das *Schriftbild* sagt oft viel über die allgemeine *Arbeitshaltung* des Kindes aus. Schauen Sie sich an, wie das Kind Fehler verbessert.

Vergleichen Sie auch das Schriftbild in der Klassenarbeit mit dem bei den Hausaufgaben. Ist das Schriftbild bei den Hausaufgaben schlechter, sollten sie weiter nachforschen, wo, mit wem und unter welchen Bedingungen das Kind die Hausaufgaben anfertigt. Fällt das Schriftbild der Klassenarbeiten deutlich schlechter aus, kann dies ein Hinweis auf Angst und Streß in Klassenarbeiten sein.

Eine genaue *Analyse der Fehler* in ungeübten Diktaten ist eine unerläßliche Voraussetzung für eine gezielte Rechtschreibförderung. Am besten ist es, wenn sie die Rechtschreibübungen über längere Zeit hinweg gesondert auswerten. Die Erfassung der Fehler nach folgenden Kategorien hat sich für die Förderung als hilfreich erwiesen:
- Fehler im Grundwortschatz (Grundformen der Wörter)
- Fehler aufgrund nicht richtiger sprachlicher Durchgliederung (s. u.)
- Fehler bei abgeleiteten Wörtern (z. B. er siet – er sieht, Heuser – Häuser, geganen – gegangen)
- Fehler bei Endungen (t/d, g/k usw.)
- Fehler bei zusammengesetzten oder schwierigen Wörtern.

Fehler sind als fruchtbare Annäherungen auf dem Weg zur richtigen Schreibung zu betrachten und zunächst nicht besorgniserregend. Als allgemeine Faustregel zum „Eingreifen" (Fördern) kann gelten:

- Ende der Klasse 1 sollten die Kinder die häufig wiederholten Wörter des Grundwortschatzes richtig schreiben können (Lernwörter).

- Mitte der Klasse 3 sollten nur noch wenige Fehler aus der Kategorie 2 (sprachliche Durchgliederung) bei den Lernwörtern vorkommen.
- Mitte der Klasse 4 sollten nur noch wenige Fehler aus den ersten 3 Kategorien vorkommen.

Weit besser als jedes standardisierte Testverfahren ist es, wenn Sie *kontinuierlich die schriftlichen Arbeiten* mit Rechtschreibschwierigkeiten nach diesen Kategorien *auswerten*. Neben dem Zählen der Fehler ist es hilfreich, wenn Sie diese in Fehlerprozent umrechnen (Fehler * 100 : Anzahl der Wörter). Auf diese Weise haben Sie einen Maßstab, mit dem Sie den Lernfortschritt von Arbeit zu Arbeit vergleichen können. Sie können so auch messen, ob Ihre Fördermaßnahme erfolgreich ist oder geändert werden muß.

Es ist nicht sinnvoll, dies für alle Schüler und Schülerinnen der Klasse zu machen. (Der Arbeitsaufwand ist zu groß, und Sie würden die genaue Analyse bald wieder sein lassen.) Praktisch ist es, wenn Sie über einen *Computer* mit einem entsprechenden Kalkulationsprogramm verfügen. Dieser kann Ihnen nicht nur die lästige Rechenarbeit abnehmen, sondern auch den Lernverlauf übersichtlich als *Grafik* ausgeben. Die Besprechung solcher Grafiken ist eine gute *visualisierte Erfolgsrückmeldung* und weit mehr wirksam als bloße verbale Rückmeldungen.

4.5 Gezielte Beobachtung

Treten Schwierigkeiten auf, paßt auf einmal das, was sie beobachten, nicht zu Ihrer Einschätzung, werden Sie als erstes auf die SchülerIn in dem Problembereich bewußt achten, sie also genauer beobachten. Nun lassen Sie sich nicht mehr von Ihrem unbewußten Gespür, sondern von Ihrem pädagogischen Sach*verstand* leiten. Hierdurch verändert sich auch ihre Einschätzung.

In der folgenden Stunde beobachten Sie, wie Marianne im Partnerdiktat Wörter aus der Lernkartei übt. Alle diktierten Qu-Wörter sind auf Anhieb richtig. Nun sind Sie über die Fehler im Übungsdiktat weit weniger erschrocken. Sie wissen, daß Marianne alles immer besonders gut machen will und leicht in Streß gerät.

Gerade weil Sie die Qu-Wörter vorher geübt haben, wollte Marianne es in der Klassenarbeit besonders gut machen. Dadurch erhöhte sich die

Erwartungshaltung, der eigene innere Druck führte zu Streß. Bei den kritischen Wörtern hatte Marianne offensichtlich eine Denkhemmung. Sie wurde zunehmend nervöser und warf zum Schluß alles durcheinander. So kam es zur „Qunst". In einer streßfreien Situation, ohne inneren Druck, wie z. B. beim Partnerdiktat, fällt es ihr nicht schwer, die gelernten Wörter richtig zu schreiben.

Wenn sich Ihre Hypothese bestätigt, dann bedeutet dies auch, daß Sie mit der Klassenarbeit (als informelles Verfahren) nicht Mariannes Rechtschreibleistung, sondern das Ausmaß ihrer Prüfungsangst gemessen haben. Eine „ungenügende" Rechtschreibnote hieraus abzuleiten wäre verwegen. Auf dem Zeugnis erhält Marianne eine Note für das Fach „Rechtschreiben" und nicht für „Prüfungsverhalten".

Während Sie sich meist von Ihrem pädagogischen Gespür leiten lassen, greifen Sie bei Schwierigkeiten auf ein genaueres diagnostisches Verfahren, die gezielte Beobachtung, zurück. Immer und alles genau beobachten und erfassen zu wollen geht nicht und wäre auch nicht ökonomisch.

Die bewußte (kontrollierte) Beobachtung setzt dort ein, wo Sie mit Ihrer Intuition nicht weiterkommen, wo sich Abweichungen zu Ihrer bisherigen Erfahrung ergeben.

Intuition und Beobachtung sind die beiden wichtigsten pädagogischen Diagnoseverfahren. Man kann sie nicht aus Büchern oder auf der Universität erlernen, sondern nur im Alltag erwerben. Die erfahrene LehrerIn wird auch Funktionsproben und Experimente nutzen, um Situationen herzustellen, in denen sie gezielt beobachten kann. Je größer die eigene Erfahrung und das Wissen um die Hintergründe von Schwierigkeiten, desto genauer (und valider) wird die pädagogische Diagnose.

Eine gezielte Beobachtung ist nur möglich, wenn Sie sich im vorhinein genau überlegen, was Sie beobachten wollen, und Ihre Beobachtungen anschließend protokollieren. Bewährt hat sich hier die Protokollierung auf Karteikarten und Lernbegleitbögen.

Anregungen für die Praxis:

Motorik:
Die gezielte Beobachtung der Motorik bringt meist nicht sehr viel, da die Kinder schon sehr frühzeitig gelernt haben, geschickt zu kompensieren. Sie klettern auf Bäume und spielen wie wild Fußball. Am ehesten sind Schwie-

rigkeiten in der Koordination beim Gehen zu beobachten. Einerseits gehen diese Kinder in der Regel schnell und hektisch, andererseits ist ihr Gang unkoordiniert, d. h. Arme und Beine bewegen sich nicht harmonisch über Kreuz.

Sehen:

Gerade die für das Lesen oft hinderlichen Sehfehler (leichte Formen der Hornhautverkrümmung und leichtes Schielen) sind durch gezielte Beobachtungen nicht leicht festzustellen. Am ehesten fallen diese Sehprobleme dann auf, wenn die Kinder über einen längeren Zeitraum hinweg konzentriert mit den Augen etwas verfolgen sollen (z. B. beim Lesen). Da die Korrektur des Sehfehlers durch die Augenmuskulatur sehr anstrengend ist, fangen diese Kinder meist schon nach wenigen Minuten an, sich die Augen zu reiben, den Blick abschweifen zu lassen, mit den Augen zu knibbeln, oder klagen im Extremfall über Kopfschmerzen.

Angst/Streßverhalten:

Ob ein Kind während der Klassenarbeit unter Streß und Anspannung steht, erkennen sie am ehesten, wenn Sie sich die Fehlerverteilung ansehen. Zählen sie einmal die Fehler im ersten, zweiten und dritten Drittel der Arbeit und vergleichen Sie diese. Meist ist der Hintergrund für ein Ansteigen der Fehlerzahl nicht mangelnde Konzentration. Im Gegenteil: Die Anspannung (Streß), unter der das Kind während der Klassenarbeit steht, wächst mit der Zeit immer mehr an; damit sinkt dann auch die Konzentration. Aufschlußreich ist auch das Gespräch mit den Eltern. (Wie verhält sich das Kind, wenn es weiß, daß heute eine Klassenarbeit geschrieben wird?)

Auffälliges Sozialverhalten:

Beobachten Sie einmal, an welchen Tagen, nach welchen Unterrichtsstunden das Kind besonders viel Unfug macht. Besteht hier ein Zusammenhang zwischen dem Verhalten und Mißerfolgserlebnissen? Fragen Sie sich auch, welchen Nutzen das Verhalten für das Kind hat. Von wem bekommt es hier Aufmerksamkeit und Anerkennung? Bekommt es diese Aufmerksamkeit auch in Situationen, in denen es sich angepaßt verhält? Wenn Sie zu mehreren in der Klasse unterrichten, vergleichen Sie Ihre Erfahrungen. Kompensiert eine SchülerIn durch auffälliges Verhalten (z. B. Klassenkaspar, aggressives Verhalten) Mißerfolge, dann zeigt sich dies nicht durchgängig bei allen KollegInnen. Nehmen Sie entsprechende Hinweise Ihrer KollegInnen daher nicht als persönlichen Angriff (ich bin pädagogisch unfähig und komme mit dem nicht zurecht), sondern als Hinweis, daß das Kind Ihre Anerkennung sucht, in Ihrem Unterrichtsfach Erfolge braucht.

Mißerfolgserwartungshaltung:
Ob eine SchülerIn sich schon aufgegeben hat (auf den eigenen Mißerfolg wartet), können sie sehr gut beim Austeilen von Klassenarbeiten beobachten. Ist das Kind noch daran interessiert zu erfahren, wie die Klassenarbeit ausgefallen ist, oder steckt es das Heft kommentarlos und ohne hineinzuschauen in die Tasche? Was passiert, wenn Sie eine Klassenarbeit ankündigen? Obligatorisches Stöhnen?

Lernfreude/intrinsische Motivation:
Stellen Sie der ganzen Klasse gelegentlich freiwillige Hausaufgaben. Kinder, denen die Motivation, an der Lernschwierigkeit zu arbeiten, verlorengegangen ist, erledigen diese freiwilligen Aufgaben anders oder gar nicht. Das setzt allerdings voraus, daß Sie das Nichtanfertigen der freiwilligen Hausaufgaben nicht in irgendeiner Weise sanktionieren.

Gespräch mit den Eltern:
Nutzen Sie auch die Erfahrungen der Eltern. Im Gespräch mit diesen können Sie viel darüber erfahren, wie das Kind andere Dinge (laufen, sprechen, Regelspiele, malen, singen usw.) gelernt hat. Das kann Ihnen helfen, das Lernverhalten des Kindes besser einzuschätzen.

„Marianne hat am Anfang nur an der Hand laufen wollen. Man durfte sie nicht loslassen, dann hat sie geweint. Das hat ganz lange gedauert. Aber dann, von einem Tag auf den anderen, ist sie alleine gelaufen. Danach mußte ich sie richtig zwingen, mich anzufassen, wenn wir draußen über die Straße gehen wollten."

„Klaus hat im Kindergarten nie gerne Sing- oder Kreisspiele gemacht. Wenn mein Mann abends mit ihm ‚Mensch-ärgere-Dich-nicht' gespielt hat, konnte er nicht aufhören."

„Olav hat erst spät laufen gelernt. Als er mit zwei Jahren angefangen hat zu sprechen, da hat man ihn lange nicht verstehen können. Ich hab' mich da nachher richtig eingehört und konnte ihn auch verstehen. Aber meinem Mann ging das lange so, daß er mich ratlos angesehen hat, wenn Olav was erzählt hat."

Literaturhinweise:

Verschiedenen Möglichkeiten, gezielte Beobachtungen zu strukturieren und zusammenzufassen, sind zusammengestellt in:
BARTNITZKY, HORST und CHRISTIANI, R.: Zeugnisschreiben in der Grundschule; Heinsberg, 2. Aufl. 1987
LANDESINSTITUT FÜR SCHULE UND WEITERBILDUNG: Grundschule – Arbeitshilfen für den Förderunterricht; Soester Verlagskontor, Soest 1989

4.6 Funktionsproben

Ihre Problemanalyse (Diagnose) durch kontrollierte (bewußte) Beobachtung führt nicht direkt zu einer Änderung Ihrer Methoden, Ihrer Einstellung und Ihres Verhaltens. Sie werden nicht blind drauflos Ihre pädagogischen Strategien ändern. Bevor es zu einer gezielten Förderung kommt, werden Sie Ihre Hypothese zu den Lernschwierigkeiten „exemplarisch" überprüfen.

Nachdem Sie bei Marianne beobachtet haben, daß Sie die geübten Wörter in einer streßfreien Situation richtig schreiben kann (Diagnose – Hypothese: Fehler aufgrund von hoher Erwartungsangst und Streß), überlegen Sie, wie Sie den Druck in Klassenarbeiten abbauen können (Verhaltensänderung, Planung einer Fördermaßnahme).

Beim nächsten Rechtschreibtest bleiben Sie beim Vorlesen des Textes in Mariannes Nähe, um ihre Reaktionen besser beobachten zu können. Sie merken (kontrollierte Beobachtung), daß Marianne zunächst ganz gelassen anfängt. Beim ersten schwierigen Wort zögert und überlegt sie eine ganze Weile. Als Marianne merkt, daß die anderen schon fertig sind, schreibt sie schnell etwas hin (Bestätigung Ihrer Hypothese). Danach bleibt sie unruhig und gespannt. Schon im nächsten Satz stockt sie wieder und schreibt „schiept" anstelle von „schiebt". Sie stellen sich neben Marianne, legen Ihre Hand auf die Schulter und sagen ganz ruhig: „Laßt euch ruhig Zeit; schaut euch das letzte Wort noch einmal an: schiebt – verlängert das Wort, dann hört ihr, wie es am Ende geschrieben wird." (Ausprobieren, was hilft, Funktionsprobe, Experiment.) Marianne nutzt diesen Hinweis sofort und korrigiert ihren Fehler. Sie merken, wie sie wieder ruhiger wird. Noch zweimal legen Sie ihr während des Tests die Hand auf die Schulter, als sie merken, daß Marianne erneut unruhig wird. Am Ende hat Marianne nur zwei Wörter falsch geschrieben. Außer beim Wort „schiebt" haben Sie keine weitere Hilfe gegeben.

Nun sind Sie sicher, in welchem Bereich Marianne Unterstützung braucht. Bei den nächsten zwei Klassenarbeiten unterstützen Sie Marianne in ähnlicher Weise. Ihre Fehler sehen Sie nun gelassener. Sie können sicher sein, daß Marianne weiß, wie Qu-Wörter (und andere) geschrieben werden. Außerdem nehmen Sie sich vor, mit den Eltern über deren Erwartungen und Ihre Beobachtungen während der Klassenarbeit zu sprechen.

Funktionsproben sind „hergestellte" Beobachtungssituationen. Wir bringen die SchülerInnen in eine „künstlich geschaffene" Situation, die uns Gelegenheit zu einer gezielten Beobachtung gibt. Insbesondere in den

Bereichen, in denen wir über keine genauen Diagnoseverfahren und keine ausreichenden Spezialkenntnisse verfügen, sind Funktionsproben äußerst hilfreich.

Da das Schriftbild von Olav immer sehr krakelig aussieht, möchten Sie wissen, ob dies mit allgemeinen großmotorischen Schwierigkeiten zusammenhängt. Da Olav auf dem Schulhof immer wie wild herumrast, ist hier durch gezielte Beobachtung nichts sicher festzustellen. In der Turnhalle lassen Sie Olav auf der umgedrehten Bank balancieren: er fällt sofort runter. Auf einem Bein Stehen hält er keine 4 Sekunden aus, ohne sich abzustützen. Mit beiden Beinen über eine Linie hin- und herzuhüpfen gelingt ihm nur stolpernd.

Mit diesen Funktionsproben können Sie nicht sicher eine motorische (zentralmotorische) Koordinationsstörung feststellen, dafür ist der Neuropädiater zuständig. Allerdings macht Sie die Beobachtung bei den Funktionsproben soweit sicher in ihrer Einschätzung, daß sie nun den Eltern zu einer entsprechenden Fachuntersuchung raten können.

Funktionsproben haben den Vorteil, daß sie leicht durchgeführt und meist auch in kindgerechte „Spiele" verpackt werden können. Voraussetzung ist allerdings eine große Erfahrung. Erst wenn Sie die Funktionsprobe häufig durchgeführt haben, können Sie sich Ihrer Einschätzung sicher sein.

Es ist nützlich, bestimmte Standard-Beobachtungssituationen zu kennen und SchülerInnen immer wieder in gleicher Weise zu beobachten. So kann sich auf Dauer eine sichere Erfahrung herausbilden, die in ihrer Einschätzungsgenauigkeit standardisierten Verfahren gleichkommt. Funktionsproben sind im Vergleich zur Durchführung standardisierter Testverfahren viel leichter zu handhaben, können schneller eingesetzt werden und benötigen nur wenig Zeit zur Durchführung und Auswertung.

Anregungen für die Praxis:

Für die Lese-/Schreiblernvoraussetzungen gibt es eine Fülle recht guter Funktionsproben. Einige, die sich in der Praxis besonders bewährt haben, seien hier aufgeführt:

Motorik:
– Einbeinstand (mind. 10 Sekunden auf jedem Bein)

- balancieren auf der umgedrehten Sitzbank in der Turnhalle
- hüpfen auf einem Bein

Visuomotorik:
- Tennisball aus 3 m Entfernung mit beiden Händen fangen
- Kreis mit Schere ausschneiden

Feinmotorik:
- aus Knete kleine Kügelchen formen
- mit Klammern Papierschnipsel aufheben
- Bilder (aus Malbuch) ausmalen
- Labyrinth mit Bleistift nachfahren

Händigkeit:
- Bürstenprobe: Welche Hand wird bewegt, wenn Fingernägel der rechten bzw. der linken Hand gebürstet werden? (Bewegte Hand ist die dominante.)
- Mit welcher Hand hebt das Kind spontan Pfennige/Stecknadeln auf?

Äugigkeit:
- Mit welchem Auge schaut das Kind durch ein Fernglas/durch den Fotoapparat/durch das Schlüsselloch/durch ein Loch in der Zeitung?

Ohrigkeit/Sprachzentrum:
- An welches Ohr hält das Kind eine tickende Taschenuhr?
- Flüstern von hinten – in welche Richtung dreht das Kind seinen Kopf?

Sprachanalyse:
- Nehmen Sie klangähnliche Wörter aus dem Grundwortschatz (Fisch-Tisch, Maus-Haus-Klaus etc.). Sprechen Sie diese mit verdecktem Mund (Hand vor dem Mund halten). Kann das Kind das vorgesprochene Wort richtig wiedergeben, also die richtigen Laute heraushören?
- Nehmen Sie aus dem Grundwortschatz mehrsilbige Wörter. Sprechen Sie diese vor und lassen Sie hierbei einen oder zwei Konsonanten weg (Au. o, Schub. ade, Scho. o. ade, Wa. er. ahn usw.). Kann das Kind die Wörter im Wiedersprechen vervollständigen?
- Nehmen Sie Wörter aus dem Grundwortschatz und sprechen Sie diese buchstabenweise (Phonem) vor (T-i-sch, Au-t-o, W-a-ss-e-r usw.). Das Kind soll die Buchstaben zu einem Wort zusammenziehen. (Für die bekannten Wörter ab Mitte 1. Klasse.)

4.7 Standardisierte Verfahren

Auf Erfahrung aufbauende diagnostische Verfahren (Beobachtung, Funktionsproben und informelle Tests) sind immer subjektiv. Hierin liegt sowohl ihr Vor- wie auch Nachteil. Wenn Sie immer nur mit bestimmten Kindern zu tun haben, fehlt Ihnen die Erfahrung, wie sich andere verhalten. Auf dem Land gibt es andere soziale Beziehungsstrukturen als in der Stadt. Der GymnasiallehrerIn fehlt die Erfahrung im Umgang mit Kindern, die nicht „über den Kopf" lernen, und die SonderschullehrerIn weiß nach einigen Jahren nicht mehr, wie Kinder „normal" lernen. Die LogopädIn, die nur sprachauffällige Kinder behandelt, mag mit der Zeit glauben, daß die Ursache für Leseschwierigkeiten allein in Sprachschwierigkeiten zu suchen sind. Und die PsychologInnen, die in einer Erziehungsberatungsstelle häufig mit familiären Konflikten zu tun haben, werden möglicherweise genau dies als wichtigste Bedingung für Leseschwierigkeiten ausmachen.

Dieses Risiko besteht bei objektiven Testverfahren in weit geringerem Maße. Diese Verfahren sind mit einer großen Anzahl von SchülerInnen durchgeführt worden. Die hierbei gewonnenen Testergebnisse wurden statistisch aufbereitet (Standardisierung) und in einem Vergleichsmaß (Prozentrangskala, T-Werte etc.) zusammengefaßt. Wenn Sie eine SchülerIn mit einem solchen Verfahren untersuchen, so können Sie die Leistung Ihrer SchülerIn mit den Ergebnissen der Standardisierungsgruppe (Alter, Geschlecht, Klassenstufe, Schulform, Herkunft etc.) vergleichen. Je größer und differenzierter die Standardisierungsstichprobe, desto genauer und detaillierter das Maß.

Der Nachteil dieser Verfahren ist, daß sie meist nur einen kleinen Bereich isoliert überprüfen, einige Zeit zur Vorbereitung und Auswertung benötigen und nicht beliebig wiederholbar sind. Sie sind nicht so flexibel und schnell verfügbar wie beobachtende und auf die eigene Erfahrung sich stützende Verfahren, dafür aber genauer.

Ob die Durchführung eines standardisierten Verfahrens, z. B. eines Rechtschreibtestes, für die Planung und Kontrolle einer Fördermaßnahme hilfreich und notwendig ist, hängt davon ab, wie genau Sie etwas wissen müssen.

Und das ist von Problem zu Problem, von Kind zu Kind verschieden. Kann das Bedingungsgefüge der Lernschwierigkeit hinreichend genau durch Beobachtung, Funktionsproben und informelle Verfahren bestimmt werden, ist die Durchführung standardisierter Verfahren Zeitverschwendung.

Wir wissen, daß die Fähigkeit, das Lesen und Schreiben zu erlernen, intelligenzunabhängig ist (zumindest für nicht geistig behinderte Kinder).

In den meisten Fällen bietet uns das Wissen um die Intelligenzhöhe keine wichtigen, notwendigen Informationen für die Förderung.

Die Analyse der Lernschwierigkeiten muß sich auf jene Bereiche konzentrieren, die für die Förderung relevant sind.

Die Schwierigkeiten von Marianne hätten Sie mit einem Rechtschreibtest nicht erfassen können. Im Gegenteil: Marianne wäre hierbei vielleicht auch nervös geworden, hätte eine Erwartungsangst aufgebaut und wäre in Streß geraten. In diesem Falle hätte Marianne am Ende ein sehr niedriges Ergebnis im Rechtschreibtest erreicht. Eine Fehleranalyse hätte möglicherweise gehäuft Wahrnehmungs- und Merkfehler ergeben. Allein hierauf Fördermaßnahmen aufzubauen (oder gar die Entscheidung, ob Marianne an einer besonderen LRS-Fördermaßnahme teilnehmen soll oder nicht) wäre an Mariannes eigentlichem Problem völlig vorbeigegangen.

Wenn es Klaus gelingt, über die „sture" Anwendung von Rechtschreibregeln richtiges Schreiben zu erlernen, dann ist es hilfreich zu wissen, welche Regeln ihm den größten Erfolg bringen, wo seine größten Schwierigkeiten sind. Wenn Sie sich hier auf Ihre Intuition verlassen, kann es Ihnen leicht passieren, daß Sie am falschen Ende anfangen. Ein Rechtschreibtest kann Ihnen hier nützliche Informationen bringen. Bei seinen schwankenden Leistungen kann Ihnen das objektive Verfahren auch aufzeigen, wo Klaus insgesamt im Vergleich zu anderen gleichaltrigen Kindern steht.

Bei Olav wird ein Rechtschreibtest vermutlich nur das bestätigen, was Sie ohnehin schon wissen: Er ist extrem schwach, und er macht noch viele Fehler aufgrund nicht gelungener sprachlicher Durchgliederung der Wörter. Für eine gezielte Förderung sind hier ganz andere Informationen wichtig. Etwa die Frage: Inwieweit kann Olav sprachliche Informationen durchgliedern, zerlegen, analysieren? Kann er verschiedene Laute überhaupt richtig heraushören? Hört er den Unterschied zwischen „Tisch" und „Fisch", merkt er, welche Buchstaben im Wort Scho.o.ade fehlen, und kann er die lautiert gesprochenen Einzelbuchstaben „m – o – t – o – r" (im Kopf) zu einem ganzen Wort zusammenfügen? Wichtig zu wissen ist auch, wie Olav lernt, was er sich leicht merken kann und welche Denkwege ihm schwerfallen. Dies zu überprüfen wird in der Regel weit über das hinausgehen, was Sie selbst untersuchen können. Um Olav gezielt zu fördern, werden Sie sich daher Hilfe und diagnostische Unterstützung bei einer in LRS-Fragen erfahrenen KollegIn holen.

Zum Einsatz standardisierter Testverfahren gehört, daß Sie einschlägige Verfahren (und die diesem Verfahren zugrunde liegende Theorie) kennen, durchführen, auswerten und die Ergebnisse sachgerecht interpretieren können. Einen Test nur deshalb durchzuführen, weil Sie diesen durchführen können, wäre Unfug. Das Ergebnis muß in erster Linie für die Förderung einen Sinn ergeben.

Wenn Sie für die Förderung etwas genauer wissen wollen (wissen müssen), aber keine entsprechenden Funktionsproben oder Testverfahren kennen, sollten Sie sich Hilfe bei hierfür besonders ausgebildeten Personen holen:
- *BeratungslehrerInnen*
- *SonderpädagogInnen*
- *SchulpsychologInnen.*

Die Ergebnisse aus einem standardisierten Verfahren können nur dann sinnvoll interpretiert werden, wenn das Verfahren unter den gleichen Bedingungen durchgeführt wird, wie es standardisiert wurde. Die Interpretation muß den Standardmeßfehler der Normierung berücksichtigen und sich an der Reliabilität des Verfahrens orientieren.

Aus diesem Grunde sollten diese Verfahren nur von jenen Lehrerpersonen durchgeführt werden, die in einer besonderen Fort- oder Weiterbildung mit der Durchführung und Interpretation standardisierter Verfahren vertraut gemacht wurden.

Im Anhang B ist für diese Lehrerinnen und Lehrer eine Liste brauchbarer Verfahren zusammengestellt.

5. Die Förderung der Lernvoraussetzungen

Es war eine wichtige Einsicht der Legasthenie-Forschung, daß Lese- und Rechtschreibschwierigkeiten nicht allein durch Lese- und Rechtschreibübungen zu beheben sind. Erst langsam haben wir gelernt, die „Randbedingungen" in den Mittelpunkt und an den Anfang der Förderung zu stellen. In diesem Kapitel beschreibe ich die wichtigsten Lernvoraussetzungen für den Lese- und Schreibenlernprozeß.

5.1 Alles ist wichtig – aber manches ist wichtiger

Das Wirkungsgefüge des Lernen unterscheidet sich bei SchülerInnen mit Lernschwierigkeiten qualitativ von dem bei normal verlaufenden Lernprozessen. Bei der Förderung von LRS-SchülerInnen können wir daher nicht davon ausgehen, daß außer beim Lesen und Rechtschreiben alles andere „normal" verläuft. Die gesamte Lernstruktur ist anders. Dies muß bei jeder Förderung berücksichtigt werden.

> „Fördermaßnahmen haben größere Aussichten auf Erfolg, wenn das gesamte Bedingungsgefüge der LRS berücksichtigt wird."
> (LRS-Erlaß NRW)

So wie die Zeiten des Fibeltrotts, des einheitlichen Marsches vom „A" zum „Z", langsam, aber sicher zu Ende gehen, so ist auch die Förderung anhand isolierter Lese- und Rechtschreibtrainings passé. Die geänderte Sicht vom Bedingungsgefüge des Lernens hat nicht nur Auswirkungen auf die Verwendung (bzw. Nicht-Verwendung) spezieller Trainingsprogramme.

Natürlich werden wir auch in Zukunft mit LRS-SchülerInnen nach wie vor Lese- und Rechtschreibübungen durchführen. Allerdings stehen sie nicht mehr im Mittelpunkt der Förderung, und alles andere ist pädagogisches Beiwerk oder Schnickschnack. Jede Förderung wird immer um das zentriert, was am vordringlichsten und nachhaltigsten das Weiterlernen behindert.

Solange beispielsweise Kinder den Sinn des Lesenlernens nicht einsehen oder ihnen Schreiben als überflüssig und antiquiert erscheint, wird es wenig Zweck haben, mit ihnen Schreib- und Leseübungen durchzuführen. Bei

Kindern mit massiven Ängsten vor Diktaten ist es überflüssig, Fehleranalysen zu betreiben und Grundwortschätze zu üben. Bei der Förderung gibt es schon eine gewisse Rangordnung, und dabei steht Lesen und Schreiben nicht obenan.

Als Faustregel für die LRS-Förderung in den ersten beiden Klassen kann gelten:
1. Grundlagen: Motorik, Wahrnehmung, Sprache
2. Lese- und Schreibmotivation
3. Sprachanalyse / Phonem-Graphem-Zuordnung
und parallel hierzu:
4. Übungen im Grundwortschatz

Priorität für die weitere LRS-Förderung ab Klasse 3:

Übungen und Hilfen:
1. zum Abbau von Prüfungsangst und Mißerfolgsorientierung
2. zur Verbesserung der Lese- und Schreibmotivation
3. zum selbständigen Arbeiten im Problembereich
und parallel hierzu:
4. Sicherung der Wörter des Grundwortschatzes und der Ableitungen
5. Verbesserung des Schriftsprachgespürs
6. Einüben von Schreib- und Kontrollstrategien

5.2 Der Sinn des Schreibens

Im Anfangsunterricht (Klassen 1 und 2) wird es vornehmlich darum gehen, die Förderung auf die Lese- und Schreiblernvoraussetzungen zu konzentrieren. Das erste und wichtigste hieran ist es, das Interesse am Lesen und Schreiben zu wecken und zu stärken. Ohne dieses Grundinteresse muß jede symptomorientierte Lese-/Rechtschreibförderung erfolglos verlaufen.

Nicht alle Kinder, die in die Schule kommen, sind gespannt darauf, das Lesen und Schreiben zu erlernen.

Nicht für alle Kinder, die in der Schule sind, ist Lesen- und Schreibenlernen das Wichtigste.

> Manche Kinder trauen es sich überhaupt nicht mehr zu, das Lesen und Schreiben zu erlernen.

Von entmutigten Kindern höre ich häufig: „Wofür soll ich schreiben lernen, wir haben doch ein Telefon." oder „Ich übernehme mal die Firma meines Vaters; der hat auch eine Sekretärin, da brauche ich nicht zu schreiben." oder „Zu Hause haben wir einen Computer, der kann überprüfen, ob meine Mama richtig geschrieben hat; Rechtschreibung ist sowieso überflüssig." Natürlich sind das unrealistische und falsche Einschätzungen. Aber so sind Kinder. Und – wenn wir ehrlich sind – wir Erwachsene ebenso: „Wofür brauche ich Latein, ich will doch kein Arzt werden." „Warum soll ich lernen, wie man einen Computer bedient, ich habe keinen und brauche auch keinen." „Es ist doch nicht schlimm, wenn ich keine Noten lesen kann, ich spiele ja sowieso kein Instrument." Wenn wir etwas nicht können, legen wir uns genauso wie die Kinder fadenscheinige Erklärungen und Argumente zurecht.

In immer mehr Familien werden keine Bücher mehr gelesen, kommen die spannenden Geschichten vom Videorecorder und aus dem Fernsehen. Lesen erscheint vielen, im Gegensatz zum Fernsehen, als mühselig. LRS-Förderung und ggf. der LRS-Förderunterricht muß bei Kindern dazu genutzt werden, eine „Lesegemütlichkeit" herzustellen und spannende Geschichten vorzulesen. Nur wenn (Vor-)Lesen und Schreiben als etwas Spannendes und Wichtiges erlebt werden, kann LRS-Förderung erfolgreich sein. Nein, spannende Geschichten vorlesen, ein „Lesesofa" in die Ecke des Klassenzimmers stellen, Buchstaben in Gips ausgießen oder Weingummi-Buchstaben aufessen (Buchstaben „verinnerlichen"), *das ist LRS-Förderung!*
In der LRS-Förderung (dies gilt zumindest für die Förderung in den ersten Schuljahren) sollten wir uns von der Gewißheit leiten lassen, daß für jedes Kind irgendwann der Tag kommt, an dem es selbst lesen und schreiben lernen *will.* Unsere pädagogische Aufgabe besteht nicht darin, diesen Tag zu bestimmen und dem Kind vorzuschreiben.

> Am Anfang der LRS-Förderung ist es wichtig, im Kind die Lust aufs Lesen und Schreiben zu wecken.

> Das Pflänzchen braucht als Grundlage zuallererst einen fruchtbaren Boden.

Anregungen für die Förderung:

In vielen Grundschulen ist die Leseecke inzwischen fester Bestandteil des Klassenraumes. Das alte Sofa, der Schaukelstuhl oder Sitzkissen und Teppich schaffen die notwendige Lesegemütlichkeit. Aber warum gibt es das nur in Grundschulen? Lesegemütlichkeit hört nicht mit dem 10. Lebensjahr auf. Im Gegenteil: Für die Null-Bock-auf-Lesen-HauptschülerIn ist diese Lesegemütlichkeit wichtiger den je.

Lesen lernt man erst in zweiter Linie durch Lesen. Leseerfahrung ist als allererstes spannende *Vorlese*erfahrung. Nutzen Sie in der Grundschule die Frühstückspause oder die letzte Viertelstunde des Schultages, an dem ohnehin die meisten mit ihren Gedanken schon zu Hause sind. Vorlesen ist aber nicht nur etwas für die Grundschule! Gerade bei älteren Schülern (4. bis 7. Klasse), bei denen die Lust aufs Lesen verlorengegangen ist, sollte das Vorlesen spannender Bücher am Anfang stehen.

Wirksam und interessant ist es, vorgelesen zu bekommen, nicht selbst vorlesen zu müssen. Das spannende Vorlesen einer Geschichte ist die höchste Form des Lesens und gehört als Anforderung nicht in den LRS-Förderkurs. Wenn Sie vorlesen lassen, wirkt dies als Überprüfung. Diese aber macht nicht Lust aufs Lesen, sondern schreckt ab!

Die nächste Frage ist: Welche Bücher sollen (können) vorgelesen werden? Hier gilt: Lassen Sie die Kinder selbst entscheiden. Erfahrungsgemäß kennen LRS-SchülerInnen allerdings nur wenige gute spannende Bücher. Sie sollten daher nicht alle Vorschläge unkritisch übernehmen. Gehen Sie in der ersten Stunde des LRS-Förderkurses mit der Gruppe in die Bücherei; lassen sie sich dort ein Vorlesebuch von der Bibliothekarin empfehlen.

Nehmen Sie Themen, die zum Alter passen: Großwerden, von zu Hause weglaufen, benachteiligt sein, Sexualität, erste Liebe, Abenteuer usw. Hilfreiche Zusammenstellungen guter Bücher veröffentlicht regelmäßig die „Stiftung Lesen". Schreiben sie gemeinsam mit den SchülerInnen einen Brief an die „Stiftung Lesen" und lassen Sie sich Buchempfehlungen und Buchbesprechungen schicken.

Ermutigen Sie zur Mitarbeit an der Schülerzeitung. Hier können sie z. B. selber kleine „Buchbesprechungen" veröffentlichen. Solche Buchbesprechungen (für die Schülerzeitung, die öffentliche Bücherei, ein Buchempfehlungsbuch der Klasse usw.) sind für viele Kinder und Jugendliche ein besonderer Anreiz, ein Buch „mit Verstand" zu lesen.

Häufig sind LRS-SchülerInnen an sachkundlichen/naturwissenschaftlichen Themen besonders interessiert. Greifen Sie ihre Hobbies auf. Besorgen Sie sich gemeinsam in der Bücherei sachkundliche Bücher und lesen oder besprechen Sie diese im LRS-Förderunterricht.

Eine besondere Möglichkeit zum Vorlesen, die Sie niemals verstreichen lassen sollten, bieten Schullandheimaufenthalte. Wenn Sie hier ein spannendes Buch mitnehmen, das dem Alter der Kinder entspricht, können Sie dem verwöhnten Fernsehauge eine neue Phantasiewelt eröffnen. Ich habe im Schullandheim schon manchen langen Abend bei Kerzenlicht und Räucherstäbchen vorgelesen, und viele „wilde Piraten" haben still zugehört.

Es gibt unendlich viele gute Vorlesebücher für das Grundschulalter. Lieblingsautoren der Kinder waren GUDRUN PAUSEWANG (z.b. „Räuber Grapsch"), PAUL MAAR („Die Geschichten vom Sams"), KLAUS KORDON (z.b. „Die Reise zu den Wunderinseln") und IRINA KORSCHUNOW (z.b. „Die Geschichten von den Wawuschels").

Zum Thema Erste Liebe habe ich Kindern im Alter von 12 bis 15 am liebsten „Adam und Lisa" (MYRON 1987) und „Wie eine Hecke voll Himbeeren" (LINDE 1979) vorgelesen. Mädchen von 10 bis 13 gefiel „Die schwarze Stadt" besonders gut (PIERCE 1985). Endlich eine spannende Abenteuer- und Rittergeschichte, in der ein Mädchen die Hauptrolle spielt. Zur abendlichen Vorlesestimmung paßt auch ASTRID LINDGRENs „Ronja Räubertochter" (Thema: Erwachsen werden). Im Schullandheim und bei mehrtägigen Klassenfahrten können Sie selbst hartnäckigen Nichtlesern wieder Spaß am Lesen vermitteln. Voraussetzung ist allerdings, daß Ihnen selbst Lesen Spaß macht.

Und noch ein Tip für die Großmütter (nicht für die Mütter, das durchschauen Kinder sofort!): Schenken Sie dem Enkelkind zum Geburtstag ein Jahresabonnement für eine Kinder- oder Jugendzeitschrift. Informationen hierüber bekommen Sie bei der „Stiftung Lesen".

Anschriften für Buchempfehlungen:

Bücher für junge Leute: Buchempfehlungsliste zum Thema Liebe–Sexualität–Partnerschaft; kostenlos zu beziehen durch: Arbeitskreis für ugendliteratur, Schlörstraße 10, 8000 München 19
Kinder- und Jugend-Zeitschriften: Beschreibung der Zeitschriften; kostenlos zu beziehen durch: Deutsches Jugendschriftenwerk e. V., Raimundistraße 2, 6500 Mainz
Deutscher Jugendliteraturpreis: erscheint jährlich neu und bietet Kurzbeschreibungen der prämierten Bücher und der Auswahlliste
Abenteuer Lesen in der Schule: Vielfältige Materialien und Empfehlungslisten sind kostenlos oder zum Selbstkostenpreis zu beziehen über: Stiftung Lesen, Raimundistraße 2, 6500 Mainz
Bücher: Vom Deutschen Jugendschriftenwerk e. V., Raimundistraße 2, 6500 Mainz, wird seit Anfang 1990 regelmäßig ein Heft mit Buchbesprechungen und Buchempfehlungen herausgegeben. Die Hefte haben immer einen Themenschwerpunkt. Das Thema der 1. Ausgabe (Jan. 1990) war „Bücher fördern kritisches Wahrnehmungsvermögen".

5.3 Lese- und Schreiblernvoraussetzungen

Rauchen ist ein Risikofaktor für Krebs und Infarkt. Wenn wir aufhören zu rauchen, reduzieren wir das Risiko, hieran zu erkranken. Eine Garantie, keinen Lungenkrebs oder keinen Herzinfarkt zu bekommen, ist das nicht. Beim derzeitigen Wissensstand der Leseforschung erscheint es allemal besser, Kinder mit Schwierigkeiten bei der sprachlichen Durchgliederung von Wörtern usw. in diesem Bereich gezielt zu fördern, als erst einmal abzuwarten, ob sich hieraus tatsächlich auch Lese- oder Rechtschreibschwierigkeiten entwickeln. Eine Garantie, daß sich hierdurch keine LRS entwickelt, ist dies nicht.

Vermutlich werden wir, wenn wir alle SchülerInnen mit Differenzierungsschwächen fördern, auch solche (unnötigerweise) fördern, die trotz dieser Schwierigkeiten keine LRS entwickelt hätten. Ja gut, den einen schadet es nicht, aber die anderen haben wir mit wenig Aufwand vor einer Lernstörung bewahrt.

Die Effektivität präventiven Handelns ist nur für eine Gruppe nachweisbar, nicht für den einzelnen. Und so viel wissen wir von den Bedingungen, daß es wichtige Lese- und Schreiblernvoraussetzungen (und im Falle einer Störung Risikofaktoren) sind.

Am sichersten wird die Entwicklung einer Lernstörung zu verhindern sein, wenn die Förderung dort einsetzt, wo Lernen noch gelingt, die positive Lernstruktur noch stabil ist. Auf das Scheitern des Lernens zu warten, bevor eine gezielte Förderung einsetzt, ist zutiefst unpädagogisch. Außerdem macht es uns auch die Arbeit unnötig schwer. SchülerInnen mit Schwierigkeiten in der auditiven Diskrimination oder visuellen Differenzierung sind innerhalb weniger Wochen durch kurze Übungen so weit zu fördern, daß hierdurch keine Lernerschwernisse mehr auftreten.

Normalerweise ist es beim Lesen- und Schreibenlernen sinnvoll, den Kindern Zeit zu lassen, eigene Erfahrungen zu sammeln, und auch einmal Umwege auszuprobieren und nicht direkt beim ersten Fehler mit Förderkanonen zu schießen. Das ist richtig und wichtig – im Normalfall. Dies gilt jedoch nicht für alle Kinder. Genauso wie wir die Sprachentwicklung bei einigen Kindern gezielt unterstützen (Sprachförderung, Sprachheiltherapie) müssen, genauso ist es wichtig, bei einigen Kindern frühzeitig einzugreifen und gezielte Förderungen durchzuführen.

Für Kinder mit Entwicklungsrückständen und Schwierigkeiten/Defiziten in den Bereichen, die wir als Leselernvoraussetzungen ansehen, gilt: Nicht abwarten – sondern gezielt und rechtzeitig fördern.

Da wir nach wie vor nicht alle Leselernvoraussetzungen ausreichend genug kennen, muß sich die gezielte Förderung vorläufig auf die Bereiche konzentrieren, die als Risikofaktoren bisher ausfindig gemacht wurden:

„Bei den allgemeinen und den besonderen Fördermaßnahmen handelt es sich um:
– Übungen, die geeignet sind, Schwierigkeiten in jenen Bereichen abzubauen, die als Voraussetzungen für den Lese- und Schreiblernprozeß angesehen werden.

Sie können unter anderem eine Förderung
– der Groß-, Fein- und Graphomotorik
– der visuellen und auditiven Wahrnehmung
– der sprachlichen Fähigkeiten
– der Merkfähigkeit und Konzentration
umfassen."
(LRS-Erlaß NRW)

Anregungen für die Praxis:

Förderung der Motorik

a) Grundzüge der Förderung
Im Vordergrund steht die Förderung des Gleichgewichtes und der Körperkoordination. Erst wenn die Großmotorik koordiniert ist, kann effektiv an der Fein- und Graphomotorik gearbeitet werden. Konzentrieren Sie sich also nicht zu früh auf die Fein- und Graphomotorik.

b) Alltagshilfen
Großmotorische Koordination/Gleichgewicht: schaukeln, reiten, schwimmen – in der Turnhalle: Rollbrett, Trampolin.
  Feinmotorik: kneten, mit Ton arbeiten, ausmalen (zunächst großflächig malen), nach Musik malen, ausschneiden, Ausschneidebögen (Anziehpuppen, etc.).
  Graphomotorik: Schwungübungen, möglichst eine Übung so lange hintereinander üben, bis die Bewegung automatisiert ist, dann erst mit der nächsten beginnen.

c) Förderprogramme
KIPHARD, E. J. und HUPPERTZ, H.: Erziehung durch Bewegung; Verlag Modernes Lernen, Dortmund 1987
EGGERT, D. u. a. (Hrsg.): Psychomotorisches Training; Verlag Julius Beltz, Weinheim 1979
MERTENS, K. und WASMUND-BODENSTEDT, U.: 10 Minuten Bewegung, Verlag Modernes Lernen, Dortmund 1987

Förderung der visuellen und auditiven Wahrnehmung

a) Grundzüge der Förderung
Bei der Förderung von Entwicklungsrückständen im Bereich der Wahrnehmung hat sich gezeigt, daß ein isoliertes Training der Wahrnehmung zu keinem direkten Erfolg beim Lesen- und Schreibenlernen führt. Dies gilt insbesondere für die auditive Diskrimination. Hilfreich ist es, keine isolierten Übungen anzubieten, sondern diese an der Schrift und der Sprache durchzuführen.

b) Alltagshilfen
Optische Differenzierung:
– Buchstaben aus Text suchen und farbig markieren
– Anfangsbuchstaben (später Buchstabenfolgen) aus Text suchen und markieren
– Buchstaben (Wörter) in verschiedenen Druckschriften aus Zeitung ausschneiden usw.

Akustische Differenzierung: siehe Sprachförderung

Ganzheitliche Erfahrungen:
– Buchstaben kneten, backen
– mit dem Seil in der Turnhalle auslegen und mit offenen/geschlossenen Augen nachgehen/kriechen
– Buchstaben aus Schmirgelpapier ausschneiden und mit geschlossenen Augen ertasten
– Buchstaben aus Holz ertasten
– Buchstaben auf Rücken malen usw.

c) Spiele
Eigentlich fördert jedes Spiel die Wahrnehmung. Insbesondere die Eltern können ihr Kind am besten dadurch fördern, daß sie ausgiebig und viel mit dem Kind spielen. Dabei sollten sie das spielen, wozu sie selbst Lust haben

und was den Kindern Spaß macht (und nicht das, wovon sie glauben, daß es den größten Trainingseffekt hat).

d) Förderprogramme
Allgemeine Wahrnehmungsförderung:
HORSCH, URSULA und DING, H.: Sensomotorisches Vorschulprogramm für behinderte Kinder; Julius Groos Verlag, Heidelberg 1981
VON OY, CLARA MARIA: Montessori-Material zur Förderung des entwicklungsgestörten und behinderten Kindes; Verlag Schindele, Heidelberg 1986
ZUCKRIGL, ALFRED und HELBING, H. und H.: Rhythmik hilft behinderten Kindern; Reinhardt Verlag, München 1980

Förderung der sprachlichen Fähigkeiten und Sprachverarbeitung

a) Grundzüge der Förderung
Eine wichtige Voraussetzung für den Lese- und Schreiblernprozeß ist die sprachliche Durchgliederung. Im wesentlichen kommt es darauf an, mit dem Kind zu üben, einzelne Laute aus einem Wort „herauszuhören" (Wörter akustisch zu zerlegen).

b) Alltagshilfen
Besonders erfolgversprechend sind:
– Reime und Kinderverse
– rhythmische Sprachstücke und Lieder
– rhythmische Bewegungs-Sing-Spiele
– Stadt-Land-Fluß-Spiele in entsprechenden Abwandlungen
– Bildergeschichten (als Sprechanlässe).

c) Spiele
Nehmen Sie die Spiele nicht als Empfehlungsliste für die Eltern, sondern als Fördermaterialien. Benutzen Sie diese auch so (und nicht als Spiele).
– Sprich genau Hör genau; Otto Maier, Ravensburg 1978
– Sprechlernspiele; Otto Maier, Ravensburg 1975
– Wörter-Domino; Otto Maier, Ravensburg
– Wörter sprechen – Laute hören; Otto Maier, Ravensburg
– Wörter sind nur halb so schlimm; Otto Maier, Ravensburg
– Lauter Laute; Finken Verlag
– Wörter-Duo; Finken Verlag

d) Förderprogramme

ARNOLDY, PETER: Achtung aufgepaßt! Ein audio-visuelles Lernprogramm zur Förderung der Hör-, Sprech- und Lesefähigkeit; Max Hueber, München 1978
GOTTSLEBEN, REGINA und OFFERGELD, K.: Sprachanbahnung und Sprachförderung; Verlag G. Doktor, Weißenthurm 1973
WETTSTEIN, P. und REY, A.: Sinnes- und Sprachförderung; Verlag P. Wettstein, Uster 1981
HEUSS, GERTRAUD E.: Sehen Hören Sprechen; Otto Maier, Ravensburg 1973
KONIETZKO, CHRISTA: Sing-, Kreis-, Finger- und Bewegungsspiele; Edition Schindele, Heidelberg 1985
KRIMM-VON FISCHER, CATHERINE: Rhythmik und Sprachanbahnung; Edition Schindele, Heidelberg 1986

Förderung der Merkfähigkeit und Konzentration

a) Grundzüge der Förderung

Je mehr wir lernen, desto mehr können wir mit bereits Bekanntem verbinden. Je mehr wir behalten (uns merken), desto mehr können wir uns merken. Ob wir etwas behalten, hängt davon ab, ob wir es bewußt wahrnehmen und wie intensiv (wie bedeutsam) die Wahrnehmung ist. Zuhören alleine reicht nicht. Wir müssen daher erreichen, daß die Kinder die Aufmerksamkeit auf den zu lernenden Gegenstand ausrichten, d. h. er muß in allererster Linie interessant sein (für die Kinder!). Die Merkfähigkeit muß aber auch tagtäglich durch kleine Übungen geschult werden.

Konzentration hängt in besonderem Maße davon ab, ob es gelingt, die Bewegungen auszuschalten, und ob das Ziel der Konzentration von Bedeutung ist (z. B. einen spannenden/langweiligen Text lesen).

Kinder mit motorischen Auffälligkeiten (Koordination, hyperaktive Kinder) haben Konzentrationsschwierigkeiten aufgrund dieser motorischen Schwierigkeiten. Daher hilft bei diesen kein Konzentrationstraining, sondern nur eine motorische Förderung.

Konzentriertes Arbeiten wird nicht durch Konzentrationsspiele, sondern nur durch das Vermitteln von Lern- und Arbeitsstrategien erreicht.

Hilfreich sind daher nicht Durchstreich- oder Suchaufgaben, sondern vielmehr Anleitungen, wie eine Aufgabe in kleine Schritte zerlegt, die Arbeitszeit sinnvoll eingeteilt werden kann usw.

b) Spiele
- alle Memory-Spiele wie z. B. Junior Memory, Kofferpacken, Natur-Memory, Original Memory, Schau genau usw.
- alle Kim-Spiele wie z. B. Tasten, Anzahl/Menge, Form und Farbe, Geräusche usw.
- „Ich sehe was, was du nicht siehst, und das ist . . ." in vielfältigen Abwandlungen, wie z. B. riechen, Farbe, Buchstaben des Wortanfangs usw.
- „Ich kenne eine Stadt, die fängt mit ‚k' an . . ." in vielfältigen Abwandlungen wie z. B. Wortanfang, Wortende; Stadt, Name von MitschülerInnen, Gegenstand in der Klasse usw.

c) Förderprogramme/Literatur
VESTER, FREDERIC, BEYER, G., HIRSCHFELD, M.: Aufmerksamkeitstraining in der Schule; Quelle & Meyer, Heidelberg 1979
WAGNER, INGEBORG: Aufmerksamkeitsförderung im Unterricht; Peter Lang Verlag, Frankfurt/M 1984
Die Wirksamkeit von „Papier-und-Bleistift-Programmen" zur Förderung der Konzentration (wie z. B. die Konzentrationsspiele von Ursula Lauster) konnte bisher nicht nachgewiesen werden. Am besten untersucht und zumindest in Teilbereichen als wirksam beurteilt wurde:
JUNA, JOHANNA u. a.: Konzentration – kinderleicht. Fördermaterial für die 4. Klasse Volksschule; Jugend und Volk, Wien 1981
JUNA, JOHANNA u. a.: Konzentration – kinderleicht. Fördermaterial für die 5./6. Klasse; Jugend und Volk, Wien 1981

5.4 Hilfe zur Selbsthilfe geben

Wenn Lese- und Rechtschreibschwierigkeiten auftreten, dann ist es selbstverständlich, daß LehrerInnen und Eltern dem Kind helfen. Doch (wie bei der Entwicklungshilfe in der Dritten Welt) gilt auch hier, daß die Hilfe zur Selbsthilfe die beste und dauerhafteste ist. Die Mutter, mit ausreichend Fördermaterialien von der LehrerIn ausgestattet, ist auf Dauer eine denkbar schlechte Hilfe.

> „Zur Förderung gehört es deshalb auch, die Schülerin oder den Schüler zu selbständigem und eigenverantwortlichem Arbeiten zu führen."
> (LRS-Erlaß NRW)

Es reicht nicht, die Hausaufgaben in Mathematik selbständig zu machen. Entscheidend ist die Bereitschaft, an seinen Lernschwierigkeiten etwas zu

ändern. Nach meiner Erfahrung ist dies die schwierigste Aufgabe jeder Förderung, und es bedarf hierzu eines großen pädagogischen Geschicks. Fach-
wissen allein reicht hier nicht.

Ist die SchülerIn nicht intrinsisch (von sich aus) motiviert, werden wir
uns bei der Förderung in immer neue Motivationstricks verstricken. Es ist
ein Irrtum zu glauben, daß es in erster Linie darauf ankommt, daß die Fördermaterialien bunt und motivierend und so gestaltet sind, daß SchülerInnen „spielerisch" lernen. Fördermaterialien müssen kindgemäß sein, d. h.
der Lebenswirklichkeit des Kindes und seinem Alter entsprechen. Bunte
Motivationen, Tricks und Spiele sind überflüssig und lenken eher vom eigentlichen ab.

Ein Schüler sagte mir einmal, als ich ihn nach dem LRS-Förderunterricht
fragte: „Mir hängen die vielen Arbeitsblätter zum Halse heraus. Da sind
immer schöne Bildchen, aber dann müssen wir doch immer das gleiche
machen. Ich möchte die Bilder so gerne bunt malen. Aber da sagt die immer: Mach das zu Hause!"
Eine andere Schülerin: „Wissen Sie, was die Lehrerin gemacht hat? Die
hat meiner Mutter auf dem letzten Elternsprechtag Spiele empfohlen.
Früher habe ich mit meiner Mutter immer Mensch-ärgere-Dich-nicht
oder Mühle gespielt. Da hab ich auch öfter gewonnen. Jetzt muß ich
abends mit ihr Wörtermemory und Stadt-Land-Fluß und Scrabble und
all so ein' Quatsch spielen."
„In der Klasse haben wir so Lesespiele, so mit 'nem Kreisel, und du
mußt dann irgendein Wort sagen mit A oder E oder so. Und dann guk-
ken wir, ob wir das Wort in unserer Lernkartei haben. Also wenn nicht,
müssen wir es aufschreiben. Da kann die uns doch gleich eine Liste geben – und – und dann abschreiben oder so."
Am treffendsten fand ich Klaus, 12 Jahre: „Also im Förderunterricht
und zu Hause machen wir immer so ein Rechtschreibspiel (Anm.: gemeint war das von ARNDT STEIN). Also das find' ich nun wirklich
blöd. Das ist ja kein Spielen. Also weißt Du, wenn man Schreiben im
Spielen lernt, dann muß ich wohl ziemlich blöde sein, daß ich das immer
noch nicht kann. Also nee, da fühl' ich mich wirklich verarscht."

Es kommt nicht darauf an, daß die Fördermaterialien motivierend sind,
sondern die Förderung!

Wenn die Motivation, die Lese- und Schreiblust, am Anfang der Förderung
steht, ist es überflüssig, sie auf jedem Arbeitsblatt zu wiederholen; im Ge-

genteil, das stört und lenkt ab „vom Eigentlichen". Spielen in der Schule ist wichtig, um des Spielens willen und nicht als Werbetrick, um unangenehme Förderware zu verpacken. Mit Recht reagieren SchülerInnen auf solche Tricks aversiv, falls sie nicht schon so angepaßt sind, daß sie alles schlucken, was ihnen vorgesetzt wird.

Und sie sind mit Recht sauer – so wie wir, wenn wir im Supermarkt faule Eier in schöner Verpackung angeboten bekommen. Aus dem Supermarkt wissen wir, daß die aufwendige, zum Kauf lockende Verpackung allzuoft den kläglichen Inhalt verdecken soll. Unseren SchülerInnen muten wir aber genau diesen Unfug zu und halten es auch noch für pädagogisch sinnvoll. „Faule Eier" (wie Uli oder Fu) schaden der guten SchülerIn nicht – aber sie gehören nicht in die LRS-Förderung.

Anregungen für die Praxis:

Wenn Sie sich auf die Suche nach geeigneten Fördermaterialien begeben, dann lassen Sie sich nicht von bunten Bildern und Lernspielen verleiten. Konzentrieren Sie Ihre Suche auf solche Materialien, die selbständig und ohne fremde Hilfe bearbeitet werden können. Dazu gehört auch die selbständige Erfolgskontrolle.

Es ist nicht wichtig, daß die Übungsform permanent wechselt, im Gegenteil. Zumindest während einer Übungseinheit sollten Sie nicht mit mehr als drei verschiedenen Übungsformen arbeiten. Beschränken Sie sich auf einige wenige Übungsformen, dann brauchen die SchülerInnen nicht vor jeder neuen Aufgabe erst einmal die Gebrauchsanweisung hierfür zu lesen. Auch dies lenkt „vom Eigentlichen" ab.

Als besonders taugliche Hilfsmittel zum selbständigen Arbeiten haben sich die Lernkartei, sprechende Lernkartei, Kassettenrecorder, die Schreibmaschine und der Computer erwiesen.

Riskieren Sie es vor allen Dingen nicht, das Üben an jemand anderen (Mutter, Geschwister, NachhilfelehrerIn) zu delegieren. Einerseits geben Sie damit in der Regel die Steuerung der Übung aus der Hand. (Sie können nicht wissen, wie „motivierend" sich die Mutter nachmittags verhält.) Andererseits wird hier die Verantwortung für das Lernen von der SchülerIn weg auf jemand anderen (Mutter etc.) übertragen. Damit verhindern Sie ganz nachhaltig den Aufbau einer Eigenverantwortlichkeit und Selbständigkeit, ohne die kein Lernen funktionieren kann.

Bedenken Sie auch die Wirkung, die das Delegieren der Übung auf die Mutter bei der SchülerIn hat. In vielen Gesprächen mit SchülerInnen wurde immer wieder deutlich, daß die gutgemeinten Hilfen für das häusliche Üben sich nicht immer positiv auf die Beziehung zwischen LehrerIn und SchülerIn auswirkt.

Führt das Üben mit der Mutter nicht zum gewünschten Erfolg, dann wird von den SchülerInnen häufig dieses Mißlingen der LehrerIn zugeschrieben („Die weiß auch nicht, wie mir zu helfen ist").

Ist die Mutter ungeduldig und übt schnell Druck aus, wird die Ursache für die mißliche häusliche Stimmung bei der LehrerIn gesehen („Seit die meiner Mutter das Übungsheft gegeben hat . . .").

Gelingt die Förderung, wird dies nicht unbedingt der LehrerIn zugeschrieben, die die Förderung organisiert hat („Meine Lehrerin hat mir das nie so gut erklärt wie meine Mama.").

Kinder der Klassen 1 und 2 interpretieren das Delegieren der Übung an die Mutter auch oftmals direkt auf der emotionalen Ebene („Die mag mich nicht." „Die kümmert sich nicht um mich." „Allen anderen hilft sie, nur mir nicht." usw.).

Sie tun sich und Ihrer Beziehung zur SchülerIn nichts Gutes, wenn Sie die Hilfe an die Mutter delegieren. Vor allem aber behindern Sie die Entwicklung des Selbstvertrauens und der Selbständigkeit.

Der Abbau der oft riesigen Lücken ist eine harte Knochenarbeit, der sich die SchülerIn stellen muß und die ihr keiner abnehmen kann. Da hilft weder Überreden noch Zuckerbrot und Peitsche. Das wirksamste Mittel ist es, effektive, wirksame und kontrollierbare Methoden zum selbständigen Lernen an die Hand zu geben.

5.5 Lern- und Arbeitsstrategien

Bevor erfolgreich an den Lese- und Rechtschreiblücken gearbeitet werden kann, müssen die SchülerInnen nicht nur motiviert sein. Es muß auch sichergestellt sein, daß sie im Problembereich erfolgreich arbeiten können. Sie werden es aus eigener Erfahrung wissen. Wenn Ihnen das Arbeiten Spaß macht, dann vergehen zwei, drei Stunden wie im Flug. Ist das Buch, das Sie lesen, interessant, werden Sie dranbleiben und weiterlesen wollen. Wenn Sie aber gezwungen sind, ein uninteressantes Buch zu lesen, werden Sie schon nach wenigen Minuten gähnen und die Seiten zählen.

Es ist ein gewaltiger Unterschied, ob wir über ein Unterrichtsfach sprechen, das dem Kind Spaß macht, in dem es erfolgreich ist, oder über eines, in dem sich die Lücken zu Bergen aufgetürmt haben. Die Lern- und Arbeitstechniken können in dem einen Fall ganz okay und effektiv sein und im anderen Fach desolat. Das Gleiche gilt für die Konzentration und Merkfähigkeit. Solange Kinder nicht gelernt haben, in ihrem Problembereich effektiv zu lernen, solange ist das Üben am Symptom (Lesen und Rechtschreiben) vergebene Liebesmüh, doppelt und dreifach schwer.

„Zur Förderung gehört es deshalb auch,
– hilfreiche Arbeits- und Lernstrategien zum Abbau von Lernrückständen zu vermitteln,
– durch differenzierte Hausaufgaben ein gezieltes und selbständiges Arbeiten aufzubauen und Überforderungen zu vermeiden."
(LRS-Erlaß NRW)

Effektiv in einem Bereich, der Mühe macht und bisher nur Mißerfolge einbrachte, lernen SchülerInnen nicht von selbst. Ein Lern- und Arbeitstraining muß daher fester Bestandteil jeder LRS-Förderung sein.

Anregungen für die Praxis:

Wenn Sie Kinder mit starken Mißerfolgsorientierungen haben, ist es ganz hilfreich, den LRS-Förderkurs mit einem Lern- und Arbeitstraining anzufangen. Auf diese Weise machen Sie die LRS-Förderung interessant, Sie fallen nicht gleich mit der Tür ins Haus. Die SchülerInnen lernen etwas, was sie auch für andere Fächer gebrauchen können und sie „besser" macht (weil sie strategisch lernen) als die MitschülerInnen.

Während des Lern- und Arbeitstrainings nutzen sie die neuen Strategien mehr und mehr, um auch im Problembereich Rechtschreiben die Lücken abzubauen. Wenn sie erst einmal erfolgreich bestimmte Arbeitstechniken (Hausaufgaben, Vokabellernen) eingeübt haben, werden sie auch Vertrauen dazu haben, daß ihnen diese Strategien beim Rechtschreibenlernen weiterhelfen.

Sind die Kinder noch motiviert, wollen sie an ihrem Problem arbeiten, sollten Sie sofort mit Lese- und Rechtschreibübungen beginnen. Es hat sich als sehr hilfreich erwiesen, wenn Sie von Anfang an mit den Rechtschreibübungen auch Lern- und Arbeitstechniken einüben, ohne diese zunächst als solche hervorzuheben.

Erst später, wenn die ersten Lückenberge abgetragen sind, sollten Sie die gelernten Techniken thematisieren und diese so den Kindern auch für andere Lernbereiche erschließen.

Literaturhinweise:

Leider gibt es noch kein gutes Lern- und Arbeitstraining für den Unterricht und die Hand der LehrerIn. Die meisten Veröffentlichungen sind „Selbsthilfeprogramme" für SchülerInnen oder StudentInnen. Wertvolle Anregungen für die Förderung des Lern- und Arbeitsverhaltens finden Sie bei:
ENDRES, WOLFGANG: So macht Lernen Spaß; Beltz Verlag, Weinheim 6. Aufl. 1983
ENDRES, WOLFGANG: Mit Kniff und Pfiff; Beltz Verlag, Weinheim 1985
ENDRES, WOLFGANG: Das Anti-Pauk-Buch; Beltz Verlag, Weinheim 1986
KELLER, GUSTAV: Lernen will gelernt sein!; Quelle & Meyer, Heidelberg 1986
KELLER, GUSTAV: Der Lern-Knigge; Verlag Karl Heinrich Bock, Bad Honnef 1986
SPEICHERT, HORST: Richtig üben macht den Meister; Rowohlt Taschenbuch, Reinbek 1987

„Mit Kniff und Pfiff" (für die Grundschule), „So macht Lernen Spaß" (ab Klasse 4) und „Der Lern-Knigge" (ab Klasse 7/8) sind überschaubar gegliedert und Schritt für Schritt aufgebaut. Sie lassen sich recht leicht in Lern- und Arbeitsschritte für den Förderunterricht umformen. Im „Anti-Pauk-Buch" ist ein netter Lern-Eignungstest. Dieser kann Ausgangspunkt für die Einführung in Lerntechniken bei SchülerInnen ab Klasse 6 sein.
Nach meiner Erfahrung ist es wenig effektiv und erfolgversprechend, die Lerntrainings den SchülerInnen zum „eigenständigen Durcharbeiten" an die Hand zu geben. Die Leistungsstarken machen das – die mit LRS nicht. Sie brauchen konkrete Handlungsanweisungen und vor allem ein kontrolliertes Einüben einzelner Techniken.
Wenn Sie es nicht Eltern in die Hand geben („Nun macht mal schön!"), sondern für sich und Ihren Unterricht und das Gespräch mit Eltern nutzen, hier noch ein Lesebuch mit praktischen Lern- und Übungshilfen für die ersten Schuljahre:
KELLER, GUSTAV und THEWALT, B.: So helfe ich meinem Schulkind; Quelle & Meyer, Heidelberg 1986

5.6 Umgang mit Angst und Mißerfolg

Haben sich erst einmal gravierende Lücken entwickelt, dann ist damit zu rechnen, daß die SchülerIn nicht mehr selbstsicher und gelassen in Klassenarbeiten hineingeht. Sie wird ängstlich und verunsichert sein. Auch dies muß in jede Förderung einbezogen werden. Wenn SchülerInnen in Klassenarbeiten Angst haben, schreiben sie auch jene Wörter falsch, die sie sonst sicher wissen. Fehleranalysen und hierauf aufgebaute Trainingspläne sind dann weitgehend unsinnig. Wir wissen zunächst nicht, ob der Fehler auf dem Hintergrund von Streß und Denkhemmung entstanden ist, oder ob die SchülerIn die der Schreibung zugrunde liegende Regel nicht kennt.

„Zur Förderung gehört es deshalb auch,
- Hilfen für die Bewältigung der LRS aufzuzeigen, insbesondere für den Umgang mit Mißerfolgen und angstauslösenden Situationen (z. B. Prüfungen, Klassenarbeiten)."
(LRS-Erlaß NRW)

Wir können die LRS-SchülerInnen nicht dauerhaft vor Mißerfolgen schützen. Natürlich sehen sie, was die anderen können, erleben, daß ihnen vieles schwerer fällt als diesen. Aber wir können ihnen vermitteln, mit den Mißerfolgen konstruktiv umzugehen. Sie müssen lernen, sich von diesen nicht überrollen und entmutigen zu lassen. Auch das geht nur, wenn sie motiviert sind und gelernt haben, selbständig und eigenverantwortlich an ihrem Problem zu arbeiten. Zur LRS-Förderung gehört daher auch die Vermittlung von Strategien zum Angstabbau (z. B. Entspannungstraining, autogenes Training).

Anregungen für die Praxis:

Es ist nur wenig erfolgversprechend, wenn Sie versuchen, ein Entspannungstraining im Förderunterricht einzuüben, ohne selbst einmal an einem entsprechenden Kurs teilgenommen zu haben. An jeder Volkshochschule und Familienbildungsstätte werden Kurse in Muskelentspannung (nach Jacobsen) oder zum autogenen Training (nach Schulz) angeboten. Nutzen Sie ein solches Angebot, für sich und Ihren Unterricht.

Andererseits: Ein „komplettes" Entspannungstraining ist zwar hilfreich, etwas weniger tut es jedoch auch. Nutzen Sie die eigene und die Erfahrung der SchülerInnen. Fragen Sie im Unterricht, wie die Kinder „zur Ruhe" kommen und sich entspannen. Sie werden dann schnell auf die gleichen Strategien stoßen wie die professionellen Trainings. Sie können dann gemeinsam besprechen, welche Lösung in Streßsituationen im Unterricht jeder einzelne für sich finden kann.

Wichtige Bausteine für eine wirksame Entspannung sind:
- *Ausschalten motorischer Aktivität*
Die Profis legen sich hin oder setzen sich entspannt in einen Sessel.
Die SchülerInnen schildern: aufs Bett legen, gemütlich aufs Sofa kuscheln, in die Hängematte legen, auf die Schaukel setzen.
Im Unterricht haben die SchülerInnen nur eine Möglichkeit: sich ruhig und locker (und bequem?) auf ihren Stuhl zu setzen.

– Ausschalten visueller Ablenkungen
Die Profis schließen die Augen oder fixieren einen Punkt, sorgen also dafür, daß die Augen ruhig bleiben und sich nicht bewegen.

SchülerInnen schildern ähnliches: Fernsehen, starr vor sich hindösen, aufs Bett legen und die Decke anstarren, vor das Aquarium setzen.

Im Unterricht können die SchülerInnen ebenso einen „Entspannungspunkt" (z. B. selbstgemaltes kleines Bildchen, was im Federmäppchen liegt) fixieren, die Augen schließen (z. B. wenn eine Aufgabe vorgelesen wird). Vor allem aber sollten sie vermeiden, die anderen anzusehen oder in der Klasse herumzugucken.

– Ausschalten akustischer Ablenkungen
Profis gewöhnen ihre Ohren an die umgebenden Geräusche und schalten somit immer besser ab.

SchülerInnen hören vornehmlich Musik zum Entspannen. Allerdings brauchen sie auch einen Raum, in dem sie ungestört sind (ohne rein- und rauslaufende Geschwister oder ein klingelndes Telefon).

Im Unterricht ist dies schwierig. Allzuleicht setzen sich störende Geräusche der MitschülerInnen durch. Hilfreich ist es, die Hörerfahrung der Kinder zu nutzen und Entspannungsphasen mit Musik einzuleiten (vornehmlich langsame Musikstücke im tempus von Adagio).

– gleichmäßige ruhige Atmung
Indem sie ihre Aufmerksamkeit auf die Atmung richten, erreichen Profis ein Höchstmaß an Abschaltung und Konzentration.

Bewußt achten SchülerInnen nicht auf Ihre Atmung. Allerdings schildern alle, daß sie, wenn sie entspannt sind, auch ruhiger atmen. Der Profi macht es genau umgekehrt: Er kommt zur Ruhe, indem er ruhig atmet.

Das bewußte, gleichmäßige tiefe Ein- und Ausatmen ist die beste Möglichkeit, schnell zur Ruhe und Konzentration zu kommen.

– Gedanken laufen lassen oder

– Gedanken auf ein Thema ausrichten
Auch für SchülerInnen ist dies „das Eigentliche" der Entspannung: zu träumen, den Gedanken freien Lauf lassen, sich etwas Schönes ausmalen.

Im Unterricht nutzen wir dies zu positiven Einstimmungen („Ich bin ruhig und gelassen." „Ich schaff' das." usw.) oder gezielten Instruktionen („Gehe Schritt für Schritt vor!" „Erst hören, dann schreiben und beim Schreiben mitsprechen." „Beim Korrigieren: Lesen, was da steht!" usw.)

Die Entspannungsphase kann auch genutzt werden, um noch einmal Regeln zu wiederholen oder auf besondere Schwierigkeiten aufmerksam zu machen.

Es wird nicht gelingen, in der Schule Angst und Mißerfolge von allen fernzuhalten. Daher ist es um so wichtiger, Strategien an die Hand zu geben, wie man in streßauslösenden Situationen (wie z. B. Klassenarbeiten) hiermit umgehen kann.

Überspitzt formuliert: Wir dürfen von SchülerInnen kein konzentriertes Arbeiten erwarten, wenn wir ihnen nicht vorher beigebracht haben, wie das geht, wie man sich in eine konzentrierte, entspannte Haltung bringt.

Eine schöne Einführung für solche Entspannungsübungen vor Klassenarbeiten in der Grundschule habe ich bei H. J. KERN „Alles Gute für Dein Kind" gefunden:

Die Schildkrötentechnik
Es war einmal eine hübsche kleine Schildkröte. Sie war 6 Jahre alt und gerade in die Schule gekommen . . . Die kleine Schildkröte ging gar nicht gern zur Schule. Sie wäre viel lieber zu Hause bei ihrer Mutter und ihrem kleinen Bruder geblieben. Sie wollte nicht lernen; sie wollte draußen herumrennen und mit ihren Freunden spielen oder in ihrem Malbuch malen.

Es war einfach für sie zu schwierig, Buchstaben zu lesen oder von der Tafel abzuschreiben . . . Es paßte ihr gar nicht, daß sie still dasitzen und der Lehrerin zuhören sollte und daß sie nicht mehr so schön laut pfeifen und tuten durfte wie ein Feuerwehrauto. Es war einfach zu schwierig, immer daran zu denken, daß man nicht raufen oder laut sein durfte. Und es war auch zu schwer für sie, nicht wütend zu werden über all die Dinge, die sie wütend machten.

Jeden Tag auf dem Schulweg nahm sie sich vor, daß sie sich wirklich Mühe geben würde, heute nichts anzustellen. Aber es nützte nichts, jeden Tag brachte sie jemand so in Wut, daß sie zu raufen anfing, oder sie wurde so wütend über einen Fehler, daß sie ihr Heft zerriß. So geriet sie immer wieder in Schwierigkeiten, und nach ein paar Wochen haßte sie die Schule. Sie dachte allmählich, sie sei eine „böse Schildkröte".

Lange Zeit war sie sehr, sehr unglücklich. – Eines Tages, als sie besonders traurig war, begegnete sie der größten, ältesten Schildkröte der Stadt. Es war eine weise, alte Schildkröte. Sie war 200 Jahre alt und so groß wie ein Haus. Die kleine Schildkröte sprach sie mit ganz leiser Stimme an, denn sie fürchtete sich sehr vor ihr. Aber die alte Schildkröte war freundlich, hörte ihr gut zu und war gleich bereit, der kleinen Schildkröte zu helfen. „Du Kleine", sagte sie mit ihrer lauten, schallenden Stimme, „ich verrate dir ein Geheimnis. Weißt du nicht, daß du die Lösung für deine Probleme mit dir herumträgst?" Die kleine Schildkröte wußte nicht, was sie meinte.

„Dein Panzer, dein Panzer!" schrie die große Schildkröte. „Deswegen hast du doch einen Panzer. – Du kannst dich in deinem Panzer verstecken, wenn du wütend wirst. – Wenn du in deinem Panzer bist, hast du Zeit, abzuwarten und zu überlegen. – Also – wenn du wieder zornig wirst, ziehst du dich einfach in deinen Panzer zurück." Der kleinen Schildkröte gefiel dieser Vorschlag, und sie konnte es kaum erwarten, ihr neues Geheimnis in der Schule auszuprobieren.

Der nächste Tag kam, und wieder machte sie einen Klecks auf ihr schönes sauberes Papier. Sie bekam wieder dieses zornige Gefühl und war gerade dabei, einen Wutanfall zu bekommen, als ihr plötzlich einfiel, was die alte Schildkröte gesagt hatte.

Schnell wie ein Blitz zog sie Arme, Beine und den Kopf ein und blieb ganz ruhig, bis sie wußte, was sie tun sollte. Sie war froh darüber, daß es in ihrem Panzer so schön bequem war und daß sie hier niemand stören konnte. Als sie wieder herauskroch, wunderte sie sich, als die Lehrerin ihr zulächelte. Sie sagte ihr, daß sie wohl wegen des Kleckses so wütend gewesen sei. Aber die Lehrerin sagte auch, sie sei sehr stolz auf sie!

Die kleine Schildkröte wandte ihren geheimen Trick das ganze Schuljahr über an. Am Ende war ihr Zeugnis das beste in der ganzen Klasse. Alle bewunderten sie und fragten, was wohl ihr Geheimnis sei.

Nach dem Vorlesen der Geschichte kann man mit den SchülerInnen die Schildkrötentechnik ausprobieren:

Man legt die Arme auf den Tisch, schließt die Augen und legt den Kopf auf/zwischen die Arme.

Nun kann man noch Atemübungen (tief ein- und ausatmen) oder positive Selbstinstruktionen („Ich bin jetzt ganz ruhig und gelassen.") anfügen oder auch Übungen zur Muskelan- und -entspannung (Beine anziehen, Faust machen – locker lassen usw.).

Literaturhinweise:

Für Grundschulkinder gibt es eine schöne Tonkassettenreihe, in der ein Muskelentspannungstraining Schritt für Schritt eingeführt wird. Es sind die Geschichten von Stecki 401, der auf der Erde zwei Kinder trifft und mit diesen allerhand Abenteuer übersteht.

REFAY, HASSAN: Stecki 401 – Entspannung und Konzentration durch Geschichten für Jungen und Mädchen ab 5 Jahren; 10 Kassetten; Schwann Verlag 1981, oder direkt beim Autor: Alte Brücke 18, 6750 Kaiserslautern

Ein ganzes Heft mit Artikeln zum Thema Entspannung in der Schule widmete die Zeitschrift:
WESTERMANN PÄDAGOGISCHE BEITRÄGE: In Ruhe unterrichten – Heft 12/Dezember 1988,
hierin auch ein interessanter Artikel von:
BLECKWENN, HELGA und LOSKA, R.: „Phantasiereise" – Imaginative Verfahren im Deutschunterricht
Geschichten für das Entspannungstraining und Phantasiereisen finden sie in:
MÜLLER, ELSE: Du spürst unter deinen Füßen das Gras; Fischer Verlag, TB 3363, Frankfurt/M 1988
HOENISCH, NANCY und NIGGEMEIER, E.: Heute streicheln wir einen Baum; Ravensburg 1981

5.7 Fehlende Motivation

Ganz besonders schwierig ist es, mit SchülerInnen zu arbeiten, die inzwischen jede Motivation zum Schreibenlernen verloren haben. Insbesondere an den Hauptschulen sind diese SchülerInnen zu finden. Sie haben meist eine lange Mißerfolgskarriere hinter sich und schützen sich nun mit ihrer Null-Bock-aufs-Schreiben-Haltung vor weiteren Mißerfolgen.

Dieser Schutzmechanismus ist zunächst ganz gesund. Das Kind schützt sich davor, neurotisch zu werden oder psychosomatische Krankheiten zu entwickeln. In der Tat ist es für ein Kind im Alter von etwa zehn, elf Jahren auch eine unerträgliche Aussicht. Wir als Erwachsene können uns das Dilemma, in dem diese Kinder oftmals stecken, nicht vorstellen, weil wir in eine solche ausweglose Situation nicht hineinkommen können. Versuchen Sie einmal, sich die Situation von Franz vorzustellen. Franz ist in der 4. Klasse und hat die letzten drei Diktate mit über 25 Fehlern und natürlich „ungenügend" geschrieben. Es ist klar, daß ihm Lesen und Schreiben keinen Spaß mehr macht. Es ist für ihn mühsam und anstrengend.
Franz weiß ganz genau: Morgen früh in der Schule – 1. und 2. Stunde Sprache, da wird gelesen und geschrieben. 3. Stunde Mathematik, Textaufgaben, wieder lesen. 4. Stunde Musik – da muß ich Noten lesen, das ist auch schwierig. 5. Stunde Sachkunde, wieder lesen, und selbst in der 6. und letzten Stunde, in Religion, sollen wir eine Geschichte aus der Bibel lesen. Es vergeht keine Stunde, ohne daß nicht gelesen oder geschrieben wird.
Doch das ist nicht nur morgen so, sondern auch die ganze nächste Woche, den ganzen Monat, ja bis zum Schuljahresende. Und nicht einmal dann hört es auf. Die nächsten sechs Jahre muß ich in der Schule tagen,

tagaus lesen und schreiben. Einziger Lichtblick ist der Sportunterricht, aber auch da hat unser hyperaktiver Franz so seine Schwierigkeiten. Wenn Sie sich nun noch vorstellen, daß Franz gerade zehn Jahre alt ist, gerade erst vier Jahre Schule hinter sich hat, dann können Sie vielleicht ahnen, welche Dimension die Lese-/Rechtschreibschwierigkeiten für Franz bekommen. Für einen Zehnjährigen sind sechs Jahre die Hälfte seines bisherigen Lebens! Stellen Sie sich vor, Sie müßten die nächsten 20, 25 Jahre Ihres Lebens jeden Tag mehrere Mißerfolge einstecken! Ist es da nicht gesund, wenn sich Franz einen Panzer anschafft und sich um alles, was mit Lesen und Schreiben zu tun hat, herumdrückt?

Gerade weil viele Kinder diesen Schutz vor Mißerfolgen so dringend brauchen, ist es extrem schwer, sie zu motivieren. Jede LRS-Förderung – gerade der Älteren – muß viel Zeit und Kraft, viel pädagogisches Geschick auf den (Neu)Aufbau einer Lernmotivation im Problembereich verwenden. Im wesentlichen stehen der Schule hierfür drei Strategien zur Verfügung:
1. konsequente Erfolgsrückmeldung
2. kleine Schritte
3. Belohnungen.

Konsequente Erfolgsrückmeldung

Bei den Demotivierten ist nichts wichtiger als eine konsequente Erfolgsrückmeldung. Es gibt keine erfolglosen SchülerInnen. Wenn sie im LRS-Förderkurs keinen Erfolg haben, dann sind die Anforderungen zu hoch gestellt. Beginnen Sie mit Anforderungen, bei denen sie *mit Sicherheit* Erfolg haben werden. Zwingen Sie sie zum Erfolg! Ohne diesen Grundstein wird jede LRS-Förderung erfolglos verlaufen.

Nehmen Sie als Erfolgsmaß ein „objektives" Instrument. Denkbar ungeeignet ist die Anzahl der Fehler. Besser ist es, mit Fehlerprozent zu operieren.

$$\text{Fehlerprozent} = \frac{\text{Anzahl der Fehler}}{\text{Anzahl der Wörter} \cdot 100}$$

Der Fehlerprozentwert kann auch besser auf Teilziele und einzelne Fehlerschwerpunkte abgestimmt und als Verlaufsgrafik dargestellt werden.

$$\text{Fehlerprozent} = \frac{\text{Anzahl der Fehler im Fehlerschwerpunkt}}{\text{Anzahl der Fehler gesamt} \cdot 100}$$

Nutzen Sie für die Erfolgsrückmeldung Visualisierungshilfen: Tabellen, Grafiken, Schautafeln, Zentimetermaß usw. Hängen Sie diese sichtbar auf, oder heften Sie diese als erste Seite in die Fördermappe der SchülerIn, so daß diese immer wieder sichtbar ist.

Kleine Schritte

Der Berg der Lücken ist für diese Kinder oft unüberschaubar groß. Auch wissen sie nicht so recht, wo sie anfangen sollen. Üben sie wirklich einmal einige Wochen lang jeden Nachmittag, dann kommen in der nächsten Klassenarbeit die geübten Wörter nicht vor. Bis erste Erfolge in Klassenarbeiten sichtbar werden, ist es ein weiter Weg.

Dieser weite Weg muß in der LRS-Förderung überschaubar gemacht werden. Hilfreich ist es, die gemachten Fehler nach den oben beschriebenen Fehlerkategorien zu unterteilen. Wenn die SchülerIn nun an einem Schwerpunkt arbeitet, können Sie konsequent messen und zurückmelden, wie die Fehler in diesem Bereich abnehmen. Erst wenn er in diesem Bereich sicher ist und keine Fehler mehr macht, gehen Sie zur nächsten Strategie über.

So leicht sich dies anhört:

In der schulischen Praxis hat sich das Zerlegen des Lückenberges in kleine Schritte als eine der schwierigsten Aufgaben erwiesen

Nach meiner Erfahrung tun sich viele LehrerInnen schwer, Geduld zu haben, eine lange Durststrecke auszuhalten, eine Förderung konsequent über zwei Jahre zu planen und durchzuhalten.

Ohne unsere Geduld und unseren langen Atem werden sich die SchülerInnen nicht der langwierigen Knochenarbeit stellen und die unüberschaubaren Lücken abtragen können.

Belohnungen

Da die Abwehr der Mißerfolge, das Nichtauseinandersetzen mit der eigenen LRS den Kindern einen Gewinn bringt (Schutz vor psychosomatischen Krankheiten, Depression und Neurosen), werden Sie diese nicht von heute auf morgen ohne eine Alternative hierzu motivieren können. Gerade am Anfang der LRS-Förderung brauchen Kinder mit massiven Vermeidungshaltungen zusätzliche Anreize.

Es lohnt sich, hier Verstärkungen und Belohnungen für das Erreichen eines Teilziels einzusetzen. Wenn Sie sicher sein können, daß die Eltern nicht kontrollierend und Druck ausübend auf ihr Kind reagieren, können Sie diese in das Belohnungssystem mit einbeziehen. Auf diese Weise wird auch deren geschwundenes Vertrauen in die Leistungsfähigkeit ihres Kindes wieder aufgebaut.

Belohnungen wirken nur dann verstärkend,
– wenn Sie hierüber mit der SchülerIn klare Absprachen getroffen haben (welches Ziel, welche Belohnung)
– wenn das Ziel, das belohnt werden soll, in absehbarer Zeit auch erreichbar ist (je massiver die Abwehr, desto kürzer der Zeitraum)
– wenn die ausgehandelte Belohnung für die SchülerIn auch tatsächlich etwas Bedeutsames ist
– wenn Sie sich konsequent an die Absprache halten (nur wenn Sie zu spät merken, daß das gesetzte Ziel nicht erreichbar ist, mit dem Schüler die Absprache beenden und neues Ziel festlegen).

Als Belohnungen kommen nicht nur materielle Dinge in Betracht. Für SchülerInnen oftmals viel interessanter sind Gutscheine, die ihnen bei Erreichen des Zieles bestimmte Dinge erlauben, z. B.:
– einmal keine Hausaufgabe im Fach Deutsch
– einmal im Förderunterricht Rollen tauschen, SchülerIn diktiert und LehrerIn schreibt für sie (natürlich werden Fehler hierbei so gezählt, als ob die SchülerIn das Diktat geschrieben hätte)
– einmal lange schlafen und zu spät (20 Minuten) zum Unterricht kommen . . .

Sie werden mit Ihrer SchülerIn genügend Dinge finden, die diese gerne einmal machen würde, was Sie ihr aber im Unterricht im Regelfall nicht zugestehen können.

6. Leseübungen

Werden die Lernvoraussetzungen berücksichtigt, dann kann auch erfolgreich am Symptom, den Lese- und Rechtschreibschwierigkeiten, gearbeitet werden. Jetzt erst kommt das, was Sie in Ihrer Ausbildung und im Referendarjahr lernen. All Ihre Fördermaterialien, Ihre Lese- und Rechtschreibübungen können erst jetzt effektiv wirksam werden.

In diesem Kapitel weise ich auf einige Fördermaterialien hin, die sich bei der Förderung von SchülerInnen bei besonderen Leseschwierigkeiten bewährt haben.

6.1 Lesenlernen Schritt für Schritt

Bei den Leseübungen unterscheiden wir verschiedene Lernebenen:
1. Einsicht in die Funktion der Schriftsprache
   (Kommunikationsfunktion, Merkfunktion)
2. Lesevoraussetzungen
   (sehen, hören, visuelle Differenzierung, Sprachverständnis, Wortschatz usw.)
3. Phonem-Graphem-Zuordnung
4. Wörter erlesen
5. (flüssiges) Lesen von Texten
6. sinnentsprechendes (betontes) Lesen.

Die Einsicht in die Funktion der Schriftsprache und die Lesevoraussetzungen wurden in Kap. 5 beschrieben. Flüssiges und sinnentsprechendes Lesen kann sich nur entwickeln, wenn die Kinder die Grundfertigkeiten des Lesens beherrschen. Sie spielen für die LRS-Förderung eine wesentliche Rolle.

Bei der Leseförderung besteht nach meiner Erfahrung die meiste Verunsicherung unter den WissenschaftlerInnen und LehrerInnen. Im Grunde genommen werden für die leseschwachen SchülerInnen die gleichen Methoden empfohlen, wie sie letztlich für alle anderen auch gelten. In der Regel besteht die besondere Leseförderung darin, die Methoden des Unterrichts mit der Fördergruppe noch einmal, langsamer und gehäuft durchzuführen. Dies spiegelt sich auch in den Erlaßtexten wider:

„Das Lesetraining dient in Verbindung mit Maßnahmen zur allgemeinen Sprachförderung vor allem dazu, Lesehemmungen abzubauen, die Lesefertigkeit zu steigern und die Schüler zu sinnentnehmendem Lesen zu befähigen. Motivierendes Lesematerial soll zur selbständigen Beschäftigung mit Büchern anregen."
(KMK-Empfehlung 1987)

Immerhin wird im nordrhein-westfälischen Erlaß darüber hinaus zumindest darauf hingewiesen, daß „systematische Ergänzungen" des Leselehrgangs sinnvoll sind:

„Bei den allgemeinen und den besonderen Fördermaßnahmen handelt es sich um: . . .
Leseübungen, die in Verbindung mit der allgemeinen Sprachförderung geeignet sind, die Lesefertigkeit und Lesefähigkeit zu fördern. Systematische Ergänzungen des Leselehrganges (wie z. B. die Lautgebärden) gehören ebenso zur Leseförderung wie die Benutzung motivierenden Lesematerials, das zu selbständigem Lesen anregen und die Lesefreuden wecken kann . . ."
(LRS-Erlaß NRW)

Es ist nicht leicht, aus der Vielzahl der angebotenen Materialien zur Leseförderung solche Methoden herauszufinden, die eine „systematische Ergänzung" des Leselehrgangs darstellen und nicht nur das nachmachen, was im Unterricht ohnehin (ohne Erfolg) geübt wird.

Auch bei den neueren Ansätzen der Leseforschung (siehe hierzu BRÜGELMANN) sind spezielle Methoden für Kinder mit Leseschwierigkeiten nicht ausfindig zu machen. Noch immer geht man hier davon aus, daß alle Leseschwierigkeiten durch eine Verbesserung des Anfangsunterrichtes für alle zu beheben sein wird.

Nach meiner Erfahrung ist dies nicht der Fall. Es ist richtig; leseschwache Kinder brauchen vor allen Dingen Zeit und verstärkte Übung. Sie brauchen darüber hinaus jedoch zumindest in zwei Bereichen eine gezielte Förderung, und zwar:
1. bei der sprachlichen Durchgliederung und bei den
2. Lesetechniken zum Lesen bekannter und Erlesen unbekannter Wörter.

Literatur und Fördermaterialien:
Ein gut aufeinander abgestimmtes Diagnose- und Förderprogramm zur Leseförderung auf den verschiedenen Stufen bietet die Reihe LuV (Lesen und Verstehen) von KALB, RABENSTEIN und ROST, Westermann 1980.

6.2 Die beste Methode ist gerade gut genug

Treten Schwierigkeiten beim Erlernen des Lesens und Rechtschreibens auf, stecken diese Kinder in einem vielfachen Dilemma. Sie müssen wesentlich mehr leisten als die anderen in der Klasse.

1. Sie müssen dem Unterricht folgen. Das ist für sie viel schwieriger, da sie zum Teil erhebliche Lücken haben. In der Schule baut aber eines auf dem anderen auf (z. B. Alphabet).
2. Darüber hinaus sollen sie auch noch die Lücken aufarbeiten. Das ist eine zusätzliche Arbeit, die wir von ihnen verlangen und die bei Kindern im 4., 5. Schuljahr oftmals unüberschaubar geworden ist.
3. Das alles erwarten wir in einem Bereich, in dem die Kinder bisher viele Mißerfolge einstecken mußten, der ihnen also bisher nur wenig Erfolgserlebnisse eingebracht hat. Sie werden widerwillig und ohne Lernfreude an diese Arbeit herangehen, was den Lernprozeß zusätzlich erschwert und wenig effektiv macht.

Wenn LRS-SchülerInnen ihre oft enormen Lücken aufarbeiten sollen, kann das nur gelingen, wenn Sie mit effektiven Methoden arbeiten und wenig hilfreiche Methoden oder überflüssige Spielereien weglassen. Viele Methoden, die wir im Unterricht einsetzen, sind zwar recht schön, und Kinder machen das auch gern (wie z. B. Wörterschlangen, Kreuzworträtsel, Geheimschriften, Buchstabensuchspiele usw.), für die besondere LRS-Förderung sind sie jedoch nicht effektiv genug.

Letztlich müssen sich beide, LehrerIn und SchülerIn, der Knochenarbeit des Übens stellen. Die Lücken sind nicht durch Spiele abzubauen. Das heißt nicht, daß die Übungen und die LRS-Förderung keinen Spaß machen sollen – im Gegenteil. Spaß ist jedoch kein Selbstzweck. Spaß macht es auch, erfolgreich zu sein, erfolgreich die Lücken abzubauen. Es ist in erster Linie der Erfolg, der die SchülerInnen zur Weiterarbeit motiviert.

Schielen Sie in der LRS-Förderung also nicht nach witzigen Lernspielen. Konzentrieren Sie Ihre Kraft auf effektive Lese- und Rechtschreibmethoden und -strategien. Nun gibt es jedoch durchaus auch Lernspiele, die sinnvoll sind, lernen Kinder viele Dinge auch spielerisch.

Der wesentliche Unterschied zwischen effektiven und überflüssigen Lernspielen liegt in der Zielsetzung. Wenn das Spielziel mit dem Lernziel identisch ist und zudem der Weg zur Erreichung des Zieles eine effektive Lernmethode darstellt, ist gegen das Spiel nicht viel einzuwenden. Doch das ist bei Lernspielen selten der Fall. In aller Regel wird ein Zusatzziel eingebaut (z. B. mit der Spielfigur als erster durchs Ziel gehen, möglichst viele

Wörter sammeln usw.). Damit wird die Aufmerksamkeit der Kinder auf dieses Spielziel gelenkt. Ganz nebenbei sollen die Kinder dann lesen lernen. Aber gerade dadurch, daß die Aufmerksamkeit vom Lernziel abgelenkt wird, ist die Lerneffektivität sehr gering. Zum effektiven Lernen gehört zwingend, daß die Aufmerksamkeit auf das Lernziel ausgerichtet wird. Ganz nebenbei lernen LRS-SchülerInnen kein Lesen und Rechtschreiben! Durchaus hilfreich ist es demgegenüber, wenn Sie die Vermittlung der Lernmethode in eine kindgemäße (Bilder)Sprache bringen. Beispiel: Sie wollen das Lautieren üben. Dabei gehen Sie von ganzen Wörtern aus und lassen die SchülerInnen das Wort immer weiter gedehnt sprechen, bis Einzellaute herauskommen. Einführungen: „Ihr habt doch sicherlich einen Plattenspieler/ Tonband zu Hause. Habt Ihr schon mal gehört, wie es sich anhört, wenn man den Plattenspieler ganz langsam einstellt?" oder „Sprecht einmal so, als ob ihr gerade einschlafen würdet." usw.

Literaturhinweis:

Eine umfangreiche Zusammenstellung aller gängigen Leseübungen finden Sie bei:
BLUMENSTOCK, LEONARD: Handbuch der Leseübungen; Beltz praxis, Weinheim und Basel 1983
Dieses Handbuch darf in keiner Lehrerbücherei fehlen. Es bietet für den Leseunterricht zu allen Ebenen des Leselernprozesses eine Vielzahl (rd. 500) Leseübungen an:
– Übungen zum Buchstaben-Laut-Bereich
– Übungen zur Erfassung der Wortstruktur
– Übungen zum selbständigen Erlesen
– Übungen zur Verbesserung der Lesefertigkeit
– Übungen zur Bedeutungserschließung
Es enthält Materialiensammlungen:
– zur Lautbildung
– zur Einprägung der Laute
– spezielles Übungswortmaterial und
– Grundwortschatzlisten
Darüber hinaus findet man hierin (allerdings auf dem Stand von 1982) Literaturverzeichnisse zu:
– Leselehrgängen
– Lehr- und Lernmaterialien
– Lesebücher
– Testverfahren
– und Literaturvorschläge zur Unterrichtspraxis
Dieses Buch ist insbesondere für jene hilfreich, die sich von den Fibelvorgaben lösen wollen und weitergehende Leseübungen suchen. Allerdings sind in dieser umfangreichen Sammlung nicht nur sinnvolle Übungen aufgenommen worden, so daß eine kritische Sichtung notwendig ist. Dennoch: das Buch ist eine wahre Fundgrube.

6.3 (Schrift)sprachliche Durchgliederung

Ganz unabhängig davon, welche Leselernmethode Sie bevorzugen, ob synthetische-, Ganzwort- oder gemischte Methode, müssen die Kinder lernen, daß ein Laut durch einen (oder mehrere) Buchstaben abgebildet wird. Schwierig an der deutschen Schriftsprache ist, daß diese Zuordnung in keiner Weise eindeutig ist. Einerseits werden sehr verschieden klingende Laute mit ein und demselben Buchstaben wiedergegeben, andererseits werden gleichklingende Laute durch verschiedene Buchstaben repräsentiert.

Dieser Erkenntnis nähern sich Kinder genauso wie beim Sprechenlernen: über die Erfahrung und Ausprobieren, über die Bildung eines Schriftsprachgefühls. Grundlage ist ihr bis dahin entwickeltes Sprachgefühl.

Genau hieran scheitern viele leseschwache Kinder. In aller Regel können sie nicht auf ein sicheres Sprachgefühl zurückgreifen, im Gegenteil, hier sind sie stark verunsichert. Kinder mit Leseschwierigkeiten brauchen daher zugleich mit den Leseübungen eine Förderung des Sprachgefühls. Sie müssen lernen, Worte nicht als „einen Klang" zu verstehen, sondern als „Klangzusammensetzung".

Anregungen für die Praxis:

–   Arbeiten Sie bei allen Übungen mit dem Klassenwortschatz, also mit Wörtern, von denen Sie ausgehen können, daß die Kinder die Wörter sicher kennen.
–   Gehen Sie bei den Einzelübungen in drei Schritten vor:
    a) Lautübungen (sprechen – nachsprechen)
    b) Sprache und Schriftbild (zeigen – sprechen – nachsprechen)
    c) Sprache und Schreiben (zeigen – sprechen – nachsprechen – schreiben, hierbei mitsprechen).

Folgende Einzelübungen haben sich als hilfreich erwiesen:
1. Lautisolierung
Ein Wort wird (mit verdecktem Mund) vorgesprochen. Das Kind soll den Anfangslaut (lautiert) sprechen: „Wie hört sich das Wort ‚Fisch' am Anfang an?"

Es werden mehrere Wörter mit gleichem Anfangslaut vorgelesen. Das Kind spricht den Anfangslaut und dann das ganze Wort: „F – Fisch, F – Farbe, F – Fuß" usw.

Endlaut heraushören: „Wie hört sich das Wort ‚Fisch' am Ende an?"

2. Differenzierung

Liste mit verschiedenen Wörtern vorlesen. Das Kind soll Wörter mit einem bestimmten Anfangsbuchstaben nachsprechen. „Ich lese Dir jetzt verschiedene Wörter vor. Du sagst jedesmal Stop, wenn Du ein Wort hörst, das mit ‚sch' anfängt: Auto, Teich, Fisch, Schaufel –" „Stop!" „Ja, richtig, sprich das Wort einmal nach." usw.

Wörter, die am Ende einen bestimmten Laut haben, dann Wörter mit einem bestimmten Laut in der Mitte erkennen und nachsprechen.

3. Laute verbinden

Wörter werden buchstabenweise vorgesprochen. Das Kind soll das ganze Wort nachsprechen: F – i – sch, Au – t – o usw.

Die gleiche Übung kann auch mit Unsinnswörtern (Indianersprache) gemacht werden. Dies zwingt zum genauen Hinhören. Die Kinder können nicht raten, sondern müssen die Laute zusammenziehen: r-a-t-u, k-e-b-a usw.

4. Laute ergänzen

Es werden Wörter vorgesprochen, aus denen einzelne Laute weggelassen werden. Das Kind soll den Laut ergänzen und das Wort als Ganzes sprechen: Au.o, Ka.ender. Später werden zwei Buchstaben weggelassen: Wa.er.ahn, Au.o.üssel. Besonders schwer ist es, wenn der Anfangslauf fehlt: .ild, .ade.anne usw.

5. Wörter aufbauen

Ein Wort wird buchstabenweise aufbauend gesprochen. A – Au – Aut – Auto. Das Kind soll das Wort sagen, sobald es richtig erkannt wird (Wörter raten).

6. Klanggleiche Wörter suchen

Ein Wort wird vorgegeben, das Kind soll so viele Reimwörter wie möglich finden.

7. Laute ersetzen

Es werden Reimwörter gesucht. Ein Wort wird vorgesprochen. Das Kind soll das Wort mit anderem Anfangsbuchstaben sprechen. „Wie heißt das Wort? Ich sage ‚Fisch', und Du ersetzt nun den Anfangslaut durch ein ‚t'."

8. Laute weglassen

Es werden Wörter gesucht, die durch Weglassen des Anfangsbuchstabens (später auch Endbuchstabe) ein neues Wort ergeben. „Wie heißt das Wort? Ich sage Dir ‚Krippe', und Du sollst mir nun das Wort nachsprechen, dabei aber den Anfangslaut (am Anfang den Laut „k" benennen) weglassen." (z. B. f-Ast, K-Rippe, m-ein usw.)

6.4 Wörter lesen – Wörter erlesen

Wenn wir Erwachsene lesen, dann benutzen wir mindestens zwei verschiedene Lesetechniken:

1. Wenn wir schnell lesen, erkennen wir anhand weniger Strukturmerkmale, um welches Wort es sich (wahrscheinlich) handelt. Paßt das Wort in den Satz-(Text-)Sinn, wird es vom Gehirn akzeptiert, und wir lesen weiter.
2. Stoßen wir auf ein unbekanntes Wort oder paßt das gelesene Wort nicht zu dem Sinn, lenken wir unsere Aufmerksamkeit auf das Wort und *erlesen* (erschließen) es uns, indem wir es aufbauend lesen.

Diese beiden Lesetechniken vermitteln wir auch den Kindern in der Schule. Sie lernen nach der Ganzwortmethode Wörter (simultan) zu erkennen, als Ganzes zu lesen. Sie lernen aber auch, Einzelbuchstaben in Laute zu übertragen und mehrere Laute zu einem Wort „zusammenzuziehen". Für beide Techniken stehen der Schule viele Übungsformen zur Verfügung.

Für die Leseschwachen werden Methoden gesucht, die diese Techniken besonders effektiv vermitteln. Um solche Methoden zu finden, müssen wir verstehen, was in unserem Gehirn passiert, wenn wir lesen.

Unser Gehirn besteht aus zwei Hälften. Das Erwachsenengehirn verarbeitet die einkommenden Informationen nach verschiedenen Prinzipien. In der Regel verarbeitet eine Gehirnhälfte die Informationen simultan, die andere sequentiell. Diese unterschiedliche Verarbeitungsweise entwickelt sich zwischen dem 1. und dem 9. Lebensjahr (sie ist erst in der Pubertät weitgehend abgeschlossen). Am Anfang arbeiten beide Gehirnhälften nach dem simultanen Verarbeitungsprinzip. Erst mit der Zeit übernimmt eine Gehirnhälfte mehr und mehr das sequentielle Prinzip. Auf diese Weise entwickeln sich Händigkeit und ein Sprachzentrum (beides sequentielle Verarbeitungsformen). In dieser Entwicklung gibt es verschiedene Störungsmöglichkeiten, auf die ich hier nicht weiter eingehen werde (Ambidextrie, gekreuzte oder nicht homogen ausgebildete Lateralitätsstruktur etc.).

Beim Lesen und Schreiben kommt es zu einem komplexen Zusammenspiel nicht nur der einzelnen Gehirnzentren untereinander (Sprachzentren, motorische Zentren, Sehzentren etc.), sondern auch der linken und rechten Gehirnhälfte. Die Informationen werden ständig zwischen beiden Gehirnhälften ausgetauscht und verschieden verarbeitet.

Nehmen wir einmal an, Sie lesen in einem Buch das Wort „Maus". Sie müssen das Wort zunächst als Wort erkennen, aus einer Zeile, einem

Bild herausdifferenzieren (sequentielle Verarbeitung). Auch müssen Sie feine Unterschiede am Wortanfang erkennen können (sequentielle Verarbeitung) (Maus, raus, Haus etc.), da das Wort sonst einen anderen Sinn ergeben würde.

Indem Sie das Wort lesen, wird sich zugleich ein Bild (von einer Maus) in Ihrem Kopf bilden, vielleicht auch ein Geräusch von piepsenden oder raschelnden Mäusen, vielleicht auch ein Geruch oder eine Situation, die Sie einmal mit Mäusen erlebt haben. Dem gelesenen Wort werden intuitiv und blitzschnell Bedeutungen zugeordnet (simultane Verarbeitung).

Ihre Augen können das Wort unterschiedlich erfassen, z. B. als ganzes Wort (simultane optische Verarbeitung). Stellt sich heraus, daß das gelesene Wort nicht zum Satzsinn paßt, werden Sie mit den Augen wieder zu diesem Wort zurückgehen und es nun buchstabenweise zusammensetzen (erlesen = sequentielle Verarbeitung).

Beim Sprechen und Schreiben haben wir nur eine Möglichkeit der Reproduktion. Wir müssen die Buchstaben entweder in eine Klangfolge (sprechen) oder eine Bewegungsfolge (schreiben) bringen. Beides ist nur möglich, wenn die Muskelbewegungen (der Hand oder der Zunge/Kehlkopf) eine bestimmte Reihenfolge einhalten. Gelingt dies nicht, kommt es zu einer verwaschenen oder unsauberen Aussprache oder zu Verschreibungen.

Wenn Sie das Wort schreiben wollen, müssen Sie zugleich auch den Satz, das Wort, den Einzelbuchstaben „im Kopf" haben (ganzheitliche Verarbeitung), sonst wissen Sie nach dem ersten geschriebenen Buchstaben nicht mehr, wie es weitergeht.

Sie sehen, beim Lesen und Schreiben sind nicht nur fast alle Gehirnzentren beteiligt. Diese sind auch andauernd damit beschäftigt, ihre Informationen gegenseitig miteinander zu vergleichen und auszutauschen, die gleichen Informationen unterschiedlich zu verarbeiten.

Die beiden Lesetechniken haben etwas mit den beiden Verarbeitungsprinzipien unseres Gehirns zu tun: Entweder wir erfassen anhand weniger Merkmale ein Wort (simultane Verarbeitung), oder wir erlesen das Wort, setzen es Laut für Laut zusammen (sequentielle Verarbeitung).

Wenn Sie einmal ein Schnellesetraining mitgemacht haben, dann wissen Sie, daß der Trick des extrem schnellen Lesens darin besteht, möglichst umfassend die sequentielle Verarbeitung auszuschalten. Das Schwierigste hieran ist das stumme Mitsprechen. Erst wenn Sie dies ausgeschaltet haben, gelingt es Ihnen, eine Seite (mit Verstand) in weniger als einer halben Minute zu lesen.

Für Leseschwache sind die Methoden besonders hilfreich, die ein Verarbeitungsprinzip des Gehirns gezielt ansprechen. Prototypen solcher Methoden sind auf der einen Seite der Wortblitz, auf der anderen die Lauttreppe.

Da Sie in dem Buch von BLUMENSTOCK fast alle brauchbaren Leseübungen finden können, beschränke ich mich in den folgenden beiden Kapiteln auf die Beschreibung dieser beiden Prototypen und einiger „Außenseiterverfahren", die bislang keine große Verbreitung gefunden haben, obwohl sie insbesondere für SchülerInnen mit Schwierigkeiten beim Erlernen des Lesens besonders hilfreich sind.

6.5 Sequentielle Verarbeitung – Wörter erlesen

Die Lauttreppe

Bei der Lauttreppe wird das Wort Laut für Laut zusammengesetzt. In den meisten Trainingsmaterialien wird das Wort dann genauso auch wieder abgebaut. Wofür dies gut sein soll, hat mir bisher noch keiner erklären können. Es hat sich (wie so vieles) einfach eingebürgert und wird von Buch zu Buch tradiert, ohne daß sich jemand hierüber Gedanken macht. Das Abbauen des Wortes ist als Lese- aber auch als Schreibübung überflüssig und für Leseschwache unbrauchbar.

Bei dieser Grundübung kommt es entscheidend darauf an, daß die *Laute* zusammengezogen werden. Das heißt, die Lauttreppe als einfache Abschreib- oder Schreibübung ohne kontrolliertes Mitsprechen durchzuführen ist sinnlos.

Standardübung:

Ein Wort wird auf Folie geschrieben und auf dem Tageslichtschreiber gezeigt. Das Wort wird zunächst ganz abgedeckt und dann Buchstabe für Buchstabe aufgedeckt. Die SchülerInnen sprechen die Laute *und* die durch Zusammenziehen entstandene Lautfolge:

Wort	gezeigt wird	gelesen wird	
		Laut	+ Lautfolge
Auto	Au	au	
	Aut	au – t	+ aut
	Auto	au – t – o	+ auto
Banane	B	b	
	Ba	b–a	+ ba
	Ban	b–a–n	+ ban
	Bana	b–a–n–a	+ bana
	Banan	b–a–n–a–n	+ banan
	Banane	b–a–n–a–n–e	+ banane

Verschiedene Übungen zum Erlesen von Wörtern

Vorübung zu der Lesestrategie des Erlesens sind die Übungen zur sprachlichen Durchgliederung, wie sie in Kap. 6.2 beschrieben wurden. Diese Übungen können auch als Leseübungen mit Schriftvorlage durchgeführt werden.

Wenn der Leselehrgang mit ganzen Wörtern beginnt, ist ein wichtiger Schritt zum Erlesen das Lautieren. Dies kann insbesondere über Dehnsprechen ("Ich spreche so, als ob ich gleich einschlafen würde.") erreicht werden. In der Umkehrung sollen dann die Kinder raten, was die „einschlafende Lehrerin" sagt (siehe oben: Laute verbinden).

Hilfreich ist auch das konsequente Anleiten zum Mitsprechen (Artikulationskontrolle) beim Drucken und Schreiben (Pilotsprache, siehe Kap. 7).

Lautgebärdensprache

Die Übertragung der gelesenen Wörter in eine Lautgebärdensprache und in der Umkehrung das Fingerlesen bieten ebenfalls eine gute Möglichkeit, den schrittweisen lautierten Aufbau eines Wortes zu üben.

Die Lautgebärdensprache hat sich in der sonderpädagogischen Leseförderung schon seit vielen Jahren bewährt. Es ist schade, daß diese äußerst effektive und hilfreiche Methode in der LRS-Förderung der Grundschule bisher kaum angewendet wird. Mit dieser Methode können Sie gleichsam mehrere Fliegen mit einer Klappe schlagen.

Bei den motorisch Auffälligen wird der Motorik einen Sinn gegeben. Das hilft insbesondere den hyperaktiven Kindern, ihr Verhalten zu steuern. Durch die Ausrichtung der motorischen Prozesse agiert das Kind nicht mehr planlos (ist zappelig). Die Motorik bekommt einen Sinn und unterstützt zugleich den Lernprozeß (motorisches Lernen). Für Kinder mit Schwierigkeiten in der motorischen Koordination und bei der Automatisierung der Motorik ist das Lernen der Handzeichen zugleich auch eine motorische und Konzentrationsübung. Kinder mit Schwierigkeiten bei der sprachlichen Durchgliederung schließlich werden bei der Lautgebärdensprache „gezwungen", das Wort in seine Einzelteile zu zerlegen und konsequent Sequenz für Sequenz zu reproduzieren. Insofern erweist sich die Lautgebärdensprache im Anfangsunterricht (ergänzend zum Lese- und Schreiblehrgang) als ein „Königsweg" zur Prävention von Lese/Rechtschreibschwächen.

Nach meiner Erfahrung wird diese nützliche Methode in der Grundschule deswegen so selten eingesetzt, weil die LehrerInnen diese in ihrer Ausbildung nicht kennengelernt haben und sich nicht so recht trauen. Mir ging es übrigens am Anfang genauso. Ich habe meine erste Lautgebärdensprache mit zwei LRS-SchülerInnen gemeinsam gelernt. Ich war selbst erstaunt darüber, wie leicht es ist und wieviel Spaß dies macht. Die Lautgebärdensprache eröffnet vielfältige Übungen zur Sequenzbildung, zum Lesen und Rechtschreiben (Gebärdendiktat, Laut suchen, Fingerlesen usw.).

Die Gleitzeile

Die beste, wenngleich auch technisch etwas aufwendige Methode bietet die Gleitzeile. Dies ist ein Computerprogramm, bei dem Wörter und ganze Sätze als Fließtext auf dem Bildschirm erscheinen. Die Schrift kann in der Größe verändert und die Geschwindigkeit variiert werden. Das Vorbeifließen des Textes zwingt den Leser zu einer erlesenden (aufbauenden) Lesestrategie. Erst der geübte Leser wird mit hoher Geschwindigkeit Blicksprünge absolvieren und simultan erfassend lesen.

Literatur, Förderprogramme und -materialien:

Von den vielen Lautgebärdensprachen sagt mir am ehesten die aus dem Kieler Leseaufbau von DUMMER/HACKETHAL zu. Die verwendeten Gebärden sind fast ausnahmslos „sinnvoll" und daher für die Kinder (und für die LehrerInnen) leicht zu merken. Sie unterstützen zum Teil die Lautbildung und das Schriftzeichen, so daß hier die Phonem-Graphem-Zuordnung besonders gut gelingt und den Kindern eine vielfältige Merkhilfe gegeben wird:
DUMMER, LISA und HACKETHAL, R.: Kieler Leseaufbau – Handbuch und Anweisungen, Veris Verlag, Kiel 1984
Wer sich für andere Lautgebärdensysteme interessiert, findet die Handzeichen von Kossow, die Gebärden von Koch, die Phonemischen Zeichen von Radigk und die Lautgebärden von Bleidick und Kraft übersichtlich und bebildert dargestellt in dem schon oben erwähnten „Handbuch der Leseübungen" von LEONARD BLUMENSTOCK.
Die „Gleitzeile" wurde vom Institut für Biologische Informationsverarbeitung des Forschungszentrumns Jülich (Dr. Kriescher) entwickelt. Ein preisgünstiges Computerprogramm für den Commodore C 64 und neuerdings auch für den PC, das die „Gleitzeile" vereinfacht simuliert, kann von O. Jansen, Pappelweg 3, 5144 Wegberg-Merbeck, bezogen werden.

6.6 Simultane Verarbeitung – Wörter lesen

Die zweite Lesestrategie wird am besten dadurch erreicht, daß ein Wort nur für den Bruchteil einer Sekunde gezeigt wird. Die Darbietungszeit muß so gering sein, daß das Auge keine Zeit hat, sich zu bewegen, also in eine erlesende Strategie zu verfallen. Das Wort wird simultan erfaßt und muß nun „im Gehirn" zerlegt (analysiert) werden.

Die Darbietungszeit muß also unter 1/50 Sekunde liegen. Da jede motorische Bewegung langsamer ist, reicht es nicht, den Tageslichtschreiber ein- und auszuschalten oder die Tafel auf- und zuzuklappen.

Bereits vor über zwanzig Jahren wurden an der Universität München Tachistoskope (ein Gerät ähnlich einem Diaprojektor, mit dem man extrem kurze Darbietungszeiten erreicht) zur Leseförderung erprobt und erfolgreich eingesetzt. Da diese Geräte recht teuer sind, haben sie sich zur gezielten Leseförderung in den Schulen nicht durchgesetzt.

Vor rund zehn Jahren hat Professor Betz an der Universität Essen ein Gerät zum Selberbauen entwickelt, mit dem der gleiche Effekt erzielt werden kann. Der „Overhead-Verschluß" ist ein leicht zusammenzubauendes Gerät (aus Holz), mit dem Sie selbst hergestellte Vorlagen (Wörter, Bilder) für den Bruchteil einer Sekunde zeigen können. Das Gerät wird auf einen Tageslichtschreiber gestellt und die vorbereiteten Folien an die Wand projeziert. Mit diesem Gerät lassen sich viele Übungen zur optischen Differenzierung mit der ganzen Klasse durchführen, die sonst nur in Einzelarbeit möglich wären. Inzwischen liegen viele Erfahrungsberichte von Schulen vor, die dieses Gerät im Anfangsunterricht eingesetzt haben. Die Bedienung dieses Gerätes ist denkbar einfach. Auch sind über Professor Betz fertige Folien zu beziehen.

Inzwischen liegen auch einige gute Computerprogramme vor, mit denen ebenfalls eine kurzzeitige Darbietung erreicht werden kann.

Wer sich nicht so gern mit technischen Geräten beschäftigt, kann, wenn auch nicht ganz so präzise, die kurzzeitige Darbietung auch durch eine „Blitzkarte" erreichen. Hier wird eine stabile Karteikarte so zwischen die Finger gelegt, daß sie leicht zusammengedrückt werden kann. Die SchülerInnen halten die Karteikarte über das zu lesende Wort. Durch kurzes Zusammendrücken der Karteikarte wird das Wort für einen Augenblick sichtbar.

Bei der Technik des Wortblitzes (Overhead-Verschluß, Computer, Blitzkarte) beginnt man mit kurzen Wörtern mit zwei/drei Buchstaben. Verwendet werden Wörter aus dem bekannten Grundwortschatz, den die SchülerInnen bereits lesen können. Wenn die Kinder Drei-Buchstaben-Wörter

Blitzkarte:

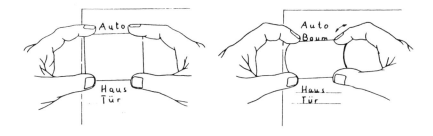

schnell erfassen, erhöht man schrittweise die Anzahl der Buchstaben. Auf diese Weise wird die Blickspanne mit der Zeit immer größer. Erst wenn die SchülerInnen bekannte Wörter mit sechs bis acht Buchstaben sicher erfassen, werden ihnen auch weniger bekannte Wörter gezeigt (wieder beginnend mit kurzen Wörtern).

Literatur, Förderprogramme und -materialien:

Es gibt nur wenige Übungen und Materialien, die geeignet sind, das simultane Erfassen eines Wortes zu üben. Das Hauptproblem liegt (wie schon oben beschrieben) darin, daß es ohne Hilfsmittel nicht gelingt, ein Wort nur für so kurze Zeit zu zeigen, daß es nicht mit den Augen verfolgt, also erlesen werden kann. Gerade deshalb wird diese sehr effektive Methode in der Schule so wenig eingesetzt. Wer seinen LRS-SchülerInnen diese effektive Lesemethode nicht vorenthalten will, wird nicht umhinkommen, auf die oben beschriebenen Hilfsmittel zurückzugreifen.

Eine Beschreibung der Arbeit mit dem Overhead-Verschluß finden Sie in:
BREUNINGER, HELGA und BETZ, D.: Jedes Kind kann Schreiben lernen; Beltz Verlag, Weinheim und Basel 1982
In diesem Buch finden Sie auch eine theoretische Begründung und praktische Hinweise zur Artikulationskontrolle (Dehnsprechen, Pilotsprache).
Es gibt inzwischen einige Computerprgramme, die eine kurzfristige Darbietung von Wörtern ermöglichen. Zum häuslichen Üben, aber auch für die Arbeit in der Schule sind jene Programme gut geeignet, die mit einer Lernkartei arbeiten und einen Grundwortschatz systematisch aufbauen:
Colli Grundwortschatz (für C 64 und PC); zu beziehen über: Klaus Offenberg, Zumlohstraße 1 a, 4410 Warendorf
Die Idee mit der Blitzkarte ist schon recht alt, aber nach wie vor interessant. Sie ist entnommen aus:
OTT, ERNST: Optimales Lesen, Deutsche Verlags-Anstalt, Stuttgart 1970

7. Rechtschreibübungen

Weil es gerade für die Rechtschreibübungen so wichtig ist: Erst wenn die Lernvoraussetzungen gegeben sind, kann auch effektiv an den Rechtschreiblücken gearbeitet werden. Mit SchülerInnen, die demotiviert und mißerfolgsorientiert sind, Rechtschreibübungen durchzuführen ist für beide, Lehrer wie Schüler, eine Qual. Schützen Sie sich selbst vor Mißerfolgen im LRS-Förderkurs, indem Sie zunächst die Motivation aufbauen und dann erst üben.

In der Förderung der Lernvoraussetzungen und der Motivation liegt das Kernstück der pädagogischen Arbeit und nicht in der Durchführung eines Rechtschreibtrainings.

Andererseits: Durch Motivation und Entspannungstraining lernt kein Kind, ob „Mutter" mit einem oder mit zwei „t" geschrieben wird. In diesem Kapitel beschreibe ich die Bausteine der Rechtschreibübungen, die sich in meiner Arbeit mit LRS-SchülerInnen bewährt haben.

7.1 Lücken abbauen – Schritt für Schritt

Die Flut der Trainingsmaterialien zum Rechtschreiben ist fast unüberschaubar. Fast jeder Schulbuchverlag bietet auch ein spezielles „wissenschaftlich begründetes" und „in der Praxis erfolgreich bewährtes" Fördermaterial für „Legastheniker" und „rechtschreibschwache Schüler" an.

Zu Beginn meiner jahrelangen Arbeit habe ich viele verschiedene Trainingsprogramme ausprobiert. Wenn ich bei einer SchülerIn nicht zum gewünschten Erfolg kam, ging ich wieder auf die Suche nach neuen Trainingsmaterialien. Nachdem ich lange Zeit sehr genau kontrolliert habe, welche Teile aus verschiedenen Trainings zu welchem Erfolg führen, reduzierte sich mein Bestand an Trainingsprogrammen ganz erheblich.

Während die KMK-Empfehlung in der Beschreibung dessen, was eine Rechtschreibförderung inhaltlich ausmacht, noch recht vage ist, deckt sich die Formulierung im LRS-Erlaß von Nordrhein-Westfalen weitgehend mit meinen Erfahrungen, daß nur ein schrittweiser Aufbau der Rechtschreibübungen zum Erfolg führt:

„Das Rechtschreibtraining soll dem Schüler helfen, seine Lücken in der Rechtschreibung zu schließen. Rechtschreibtraining ist um so erfolgreicher, je systematischer es aufgebaut ist."
(KMK-Empfehlung 1978)

„Bei den allgemeinen und den besonderen Fördermaßnahmen handelt es sich um: ...
Rechtschreibübungen, die geeignet sind, die Rechtschreibsicherheit zu verbessern. Sie umfassen unter anderem:
- Schaffen sinnvoller Schreibsituationen,
- systematisches Üben und konsequentes Wiederholen, damit die Wörter des Grundwortschatzes beherrscht werden,
- systematisches Üben von Rechtschreibmustern, damit die Wörter des Grundwortschatzes auch in ihrer Modellfunktion wirksam werden,
- Sichern rechtschreibspezifischer Arbeitstechniken (Entspannungsübungen, Strategien zum Erkennen und Vermeiden von Fehlern, Nachschlagen, Korrekturtechniken)."
(LRS-Erlaß NRW)

Vier Schritte der LRS-Förderung

Abgesehen von der Motivationsphase lassen sich für die Förderung vier wichtige Schritte bestimmen:
1. Schreibstrategien
2. Grundwortschatz
3. Schriftsprachgefühl
4. Korrekturstrategien.

Diese Förderbereiche sollten durch das Einüben spezifischer Lern- und Arbeitstechniken ergänzt werden. Hierauf werde ich an dieser Stelle jedoch nicht weiter eingehen.

Die vier Schritte sollten in jeder LRS-Förderung durchlaufen werden. Wie intensiv welcher Schritt geübt wird, ist bei einer Analyse der Rechtschreibfehler leicht auszumachen. In der Praxis haben sich einige „Faustregeln" bewährt:

„Faustregeln" für die schrittweise Förderung

1. Macht die SchülerIn noch Fehler bei der schriftsprachlichen Durchgliederung, steht am Anfang das Einüben und Automatisieren von Schreibstrategien (z. B. konsequentes Mitsprechen beim Schreiben).
2. Werden bei einfachen Wörtern noch Fehler gemacht, müssen die Übungen im Grundwortschatz eindeutig sein, konsequent durchgeführt und langfristig angelegt werden (Übungen mit der Lernkartei).
3. Kommen keine Fehler aufgrund falscher schriftsprachlicher Durchgliederung und keine Fehler im Grundwortschatz vor, wird der Fehlerschwerpunkt nach folgenden Kategorien analysiert:
   a) Dehnung
   b) Schärfung
   c) Groß-/Kleinschreibung
   d) Ableitungen.
   Die ersten beiden Fehlerkategorien können am besten durch die Förderung des Schriftsprachgespürs, die beiden letzten durch die Vermittlung von Rechtschreibregeln sowie von Schreib- und Korrekturstrategien bearbeitet werden.
4. Ergeben sich bei der Analyse der Fehler keine spezifischen Kategorien, konzentriert sich die Förderung auf die Erstellung einer individuellen Lernkartei und die Einübung von Schreib- und Kontrollstrategien.

7.2 Die besten Methoden sind gerade gut genug

Wenn Sie sich in Ihrer LRS-Förderung an einem „fertigen" LRS-Förderprogramm orientieren, müssen Sie damit rechnen, daß

1. selbst in den speziell für „Legastheniker" und LRS-SchülerInnen herausgegebenen Fördermaterialien unsinnige und falsche Übungen angeboten werden und
2. nach meiner Erfahrung im Durchschnitt zwei Drittel aller Übungen zwar schön, aber nur von geringer Effektivität sind.

Bevor Sie LRS-Fördermaterialien übernehmen, sollten Sie sich mit denjenigen Übungen vertraut machen, die schädlich, unsinnig oder wenig effektiv sind. Diese sollten Sie dann aus den Materialien und Übungsprogrammen entfernen.

Schädliche Übungen

Schädliche Übungen sind (nicht nur für LRS-SchülerInnen):

1. Gegenüberstellungen von ähnlich oder gleich klingenden Lauten und ähnlich aussehenden Buchstaben, z. B.:
   tt-t, g-k, d-t, a-ä-e, z-tz usw. (tt oder t? Bu. er, Va. er . . .)
   Wörter mit und ohne Dehnungskennzeichnung (mit oder ohne /h/?
   Bro?t, Ko?le, . . .)
2. Darbietung von Falschschreibungen, z. B.:
   Übungen, in denen SchülerInnen Fehler suchen sollen (Gans, Appel, Broht, Fahrrat)
   Übungen, in denen ein Wort in mehreren (Falsch)Schreibungen zur Auswahl angeboten wird (Schuule, Schuhle, Schule)
3. Darbietung nicht richtig gegliederter Wörter, z. B.:
   Rückwärtsschriften (nelhartsnennoS)
   Purzelwörter (neiples, lüreSch)
   Silbensalat (denderwiefin)
   Schachtelwörter (HausgehenKohleApfel)
   Wörterschlangen (Heuteistesprimaumbadenzugehen)
4. Buchstabenauslassungen und -ergänzungen, z. B.:
   Buchstaben im Wort (W-gen, f-ren, Gr-ser,. . .)
   Buchstaben im Satz (Wir g-en h-te ins Sch-mmb-d. . .)
   Buchstabenfolgen (Wir feiern ein Fe-. . .)

Diese Übungen mögen der guten SchülerIn gelingen, sie gehören jedoch nicht in eine LRS-Förderung! SchülerInnen, die in ihrer Rechtschreibung nicht sicher sind, werden durch diese Übungen weiter verunsichert. Die o. g. Aufgaben helfen in keiner Weise, die Rechtschreibsicherheit zu fördern.

Schöne, aber wenig effektive Übungen

In vielen Fördermaterialien wird das Hauptgewicht auf schöne und bunte Bilder gelegt. Der Phantasie der Autoren sind hier keine Grenzen gesetzt. Vor Jahren habe ich verschiedene Übungsformen aus LRS-Trainingsmaterialien gesammelt. Von rund 500 verschiedenen Übungsformen waren rund 150 unsinnig und weitere 250 schön, aber ohne großen Lerneffekt. Die Fördermaterialien wimmeln von „schönen" Übungen, die graphisch gut aufbereitet sind. Hinter diesen Übungen steckt der (irrige) Glaube, daß die

„schöne Verpackung" die SchülerInnen zum Üben motiviert. Lassen Sie sich nicht von dieser Fehleinschätzung verführen. Überspitzt formuliert:

> Bei massiven Rechtschreibschwierigkeiten motiviert allein der Erfolg!

Die meisten „schönen" Aufgaben in Förderprogrammen können nur richtig gelöst werden, wenn die SchülerInnen die richtige Schreibweise bereits *beherrschen*. Dann sind sie aber erst recht überflüssig. Zu den „schönen" Übungen ohne großen Lerneffekt gehören u. a.:

1. Rätsel und Übungsbilder
   Wenn die Lösung nicht vorgegeben ist, muß das Kind die Schreibung kennen, um das Rätsel lösen zu können. In diesem Fall ist die Übung zum Lernen der richtigen Schreibung bei Rechtschreibschwierigkeiten unsinnig.
   Wird die richtige Schreibung der Lösung vorgegeben (Durchstreichrätsel), ist jede Abschreibübung vermutlich effektiver (weniger Zeitaufwand). Bei der Abschreibübung ist zudem der Sinn der Übung für jedes Kind eindeutig: Einprägen des Wortes. Beim Rätsel hingegen wird ein anderes Ziel vorgegeben: Du sollst ein Rätsel lösen – in Wirklichkeit geht es aber darum, ein Wort zu schreiben.
   Nach diesem Strickmuster sind viele Rechtschreibübungen aufgebaut. Sie lenken vom „Eigentlichen" ab und richten die Aufmerksamkeit des Kindes nicht auf das Schreiben und die Rechtschreibung.
2. Schriftliches Auf- und Abbauen von Wörtern
   Als Sprachübung ist das Aufbauen von Wörtern sinnvoll und hilfreich. Als Schreibübung macht diese Übung keinen Sinn. Schauen Sie einmal genau hin, wie rechtschreibschwache SchülerInnen diese Aufgabe lösen. Die meisten übertragen Buchstaben für Buchstaben – fertig aus. Wo ist hier der Lerneffekt?
3. Einsetzübungen, bei denen nicht das ganze Wort geschrieben wird, z. B.:
   Buchstaben (Alle Wörter schreibt man mit /b/. Setze ein: .rief, A.end, Sta.)
   Buchstabenfolgen (Setze die Buchstabenfolge „all" ein: f...en, B...en, schn...en ...).
4. Buchstaben und Wörter in der Luft „nachspuren"
   Jede Übung ist nur sinnvoll, wenn das Kind eine Rückmeldung darüber erhält, ob es die Übung richtig gemacht hat. Wenn Buchstaben in die Luft gemalt werden, ist eine treffende Rückmeldung gar nicht mög-

lich. Sinnvoll ist es, vorgegebene Buchstaben (Wörter) mit dem Buntstift nachzufahren. Hier sieht das Kind sofort die Abweichung von der Vorlage und kann daraus lernen.

5. Geheimschriften

Auch die viel geliebten Geheim- und Geisterschriften gehören zur Kategorie der wenig effektiven Rechtschreibübungen. Wenn Zahlen oder unsinnige Zeichen in Buchstaben übertragen werden sollen, dann ist dies ein lustiges Spiel zur Unterhaltung. Der Trainingseffekt für LRS-SchülerInnen ist genauso groß wie bei einmaligem Abschreiben des Wortes.

Literaturhinweise:

Meines Wissens gibt es keine Untersuchung, durch die belegt werden kann, welche Rechtschreibübung wirklich effektiv ist. Wer sich einen Überblick über die Phantasie der Autoren von Materialien zur Rechtschreibförderung verschaffen will, der findet über 750 verschiedene Übungen in:

TRIEBEL, HEINZ und MADAY, W.: Handbuch der Rechtschreibübungen, Beltz Verlag, Weinheim 1982

Wichtiger aber wird es sein, sich über die unsinnigen Rechtschreibübungen zu informieren. Schöne Zusammenstellungen sind in:

VALTIN, RENATE: Nicht nachahmenswert – Negative Beispiele aus Rechtschreibmaterialien; in:

NAEGELE, INGRID und VALTIN, R.: Rechtschreibunterricht in den Klassen 1-6, Arbeitskreis Grundschule, Heft 56/57

WARWEL, KURT: Rechtschreibmaterialien – Rote Karte! in:

NAEGELE, INGRID u. a. (Hrsg.): Lese- und Rechtschreibschwierigkeiten, Beltz Verlag, Weinheim 1981

7.3 Spezifische Schreibstrategien

In meiner langjährigen Arbeit habe ich noch kein Kind angetroffen, das von sich aus die wichtigsten Schreibstrategien anwendete. Nicht, daß die LehrerInnen ihm diese nicht vermittelt hätten. LRS-SchülerInnen neigen dazu, „drauflos" zu schreiben. Sie sprechen (wiederholen) das diktierte Wort und schreiben dann etwas völlig anderes.

Das konsequente Einüben der drei wichtigsten Schreibstrategien sollte am Anfang jeder LRS-Förderung stehen:

Lesbar schreiben – lesbar korrigieren

Am dringendsten brauchen die SchnellschreiberInnen und in der Motorik auffällige Kinder diese Strategie. Die erste Gruppe läßt sich zwar die Strategie zehnmal erklären, hält sich jedoch nicht daran. Bei der zweiten Gruppe (motorisch auffällige Kinder) sagen wir meist nichts, weil wir froh sind, wenn sie überhaupt fertig werden.

In einem LRS-Förderkurs muß dies die erste Strategie sein, die eingeführt wird. Ob eine Schrift ungelenk und das Schriftbild krakelig ist, hängt von den feinmotorischen Fertigkeiten des Kindes ab. Durchstreichen, drüberschreiben und zweideutig schreiben sind jedoch „schlechte Angewohnheiten". Die vielfach verpönten „Schönschreibübungen" sind für LRS-SchülerInnen wichtig, damit sie lernen, ordentlich und lesbar zu schreiben. Nur wenn sie ihre Schrift selbst lesen können, werden Sie auf Schreib- und Korrekturtechniken zurückgreifen.

Vereinbaren sie mit den SchülerInnen, wie sie falsch geschriebene Wörter korrigieren sollen. Am besten (weil am lesbarsten) ist es: falsches Wort durchstreichen und neu schreiben.

Artikulationskontrolle

Die Bedeutung der Artikulationskontrolle können Sie an einem leichten Experiment ausprobieren und verstehen: Schreiben Sie einmal die Zahlen von 1 bis 10 auf – während Sie diese Zahl schreiben, sprechen Sie zugleich laut die Zahlen von 10–1.

Diese vermeintliche leichte Aufgabe werden Sie ohne „Mogeln" nicht lösen können. Die meisten Erwachsenen lösen diese Aufgabe, indem Sie beide Tätigkeiten (sprechen, schreiben) nicht gleichzeitig, sondern um den Bruchteil einer Sekunde verschoben ausführen: Sie fangen an zu schreiben und dann erst zu sprechen – oder umgekehrt. Es ist sehr schwer, etwas zu sprechen und gleichzeitig etwas anderes zu schreiben. Diese Erfahrung machen wir uns beim Schreiben zunutze, indem wir zum konsequenten Mitsprechen anleiten. BETZ nennt daher das Mitsprechen beim Schreiben „Pilotsprache". Die Sprache führt die Hand, wie der Pilot das Flugzeug.

In der Schriftsprache werden nur relativ wenige Wörter lautgetreu geschrieben. Die SchülerInnen müssen sich Wörter daher zweifach merken:
- als Lautfolge und
- als Buchstabenfolge.

Beides stimmt häufig nicht überein. Viele LRS-SchülerInnen greifen beim Schreiben auf die Sprache (Lautfolge) zurück. Das führt zu vielen Fehlern, die dadurch vermieden werden können, daß SchülerInnen konsequent angehalten werden, sich beides zu merken, die Laut- und die Buchstabenfolge. Am leichtesten ist dies über die Artikulationskontrolle (= Mitsprechen, = Dehnsprechen, = Pilotsprache).

Um einem Irrtum gleich vorzubeugen: Diese Schreibstrategie ist keine Lernstrategie. Wir lernen durch die Artikulationskontrolle nicht die richtige Schreibung. Demnach kann sie auch nicht dazu dienen, beim Schreiben unbekannter Wörter die richtige Schreibweise *zu finden*. Wenden SchülerInnen die Artikulationskontrolle konsequent an, dann bildet sich (im Gehirn) eine eigenständige Schriftsprache, ein Schriftsprachgefühl. Diese Schriftsprache wird dann beim Schreiben für die Pilotsprache wieder abgerufen.

In ähnlicher Weise lernen viele Erwachsene auch Fremdsprachen. Wir lernen Vokabeln nicht einfach durch die Zuordnung von Englisch – Deutsch, sondern Lautfolge – Schriftsprache – Bedeutung (Beispiel: ‚nolidj / k-n-o-w-l-e-d-g-e / Wissen, Kenntnisse).

Durch das konsequente Mitsprechen (Artikulationskontrolle) wird erreicht, daß
- Laut und Buchstaben miteinander verknüpft werden (assoziatives Lernen) und
- sich ein *Schrift*sprachgefühl entwickelt.
- Es werden jene Fehler vermieden, die in erster Linie durch den Schreibvorgang entstehen, also Fehler in jenen Wörtern, die die SchülerInnen „an und für sich" richtig schreiben *können*.
- Mit Hilfe der Artikulationskontrolle können insbesondere die sogenannten „Wahrnehmungsfehler" (Buchstabenvertauschungen, -ersetzungen, -auslassungen etc.) vermieden werden.

Die Erfahrung, daß nur wenige SchülerInnen beim Schreiben mitsprechen, obwohl die meisten in der Schule hierauf hingewiesen werden, macht deutlich, daß die Artikulationskontrolle konsequent geübt werden muß – und zwar so lange, bis sie von den Kindern völlig automatisiert ist.

Vorübungen zur Artikulationskontrolle sind die oben beschriebenen Leseübungen zur sprachlichen Durchgliederung, insbesondere der langsame Wortaufbau (Lauttreppe, beim Sprechen einschlafen usw.).

Die Einübung der Artikulationskontrolle erfolgt in vier Schritten:
1. Lehrer spricht laut vor (mit), während Schüler schreibt.
2. Schüler spricht beim Schreiben laut mit.

3. Schüler spricht leise (flüstert).
4. Schüler bewegt nur noch die Lippen.

Meist wird in der Klasse diese Schreibstrategie nicht ausreichend geübt, da es sehr störend ist, wenn dreißig „laut schreiben". Zur Einübung sind die ersten beiden Schritte jedoch unerläßlich. Ob SchülerInnen beim Schreiben mitsprechen, können Sie gut daran erkennen, daß sie die Lippen mitbewegen.

Zum Einüben dieser Strategie ist es sinnvoll, mit dem Grundwortschatz (also bekannten Wörtern) zu arbeiten (Lernkartei).

Es lohnt sich, auch bei älteren SchülerInnen (Klasse 4 bis 7) diese Strategie hartnäckig bis zur Automatisierung einzuüben. In meinen Fördergruppen erwies sich die Artikulationskontrolle als die effektivste Fehlerreduzierungsmethode. In der Regel verringert sich die Anzahl der Fehler durch das konsequente Mitsprechen zwischen 20% und 60%.

Individuelles Schreibtempo finden

Wenn Sie SchülerInnen zum Mitsprechen anleiten, ist es unerläßlich, daß diese nicht nur langsam sprechen, sondern auch langsam schreiben. Sehr häufig beklagen sich Lehrer über das Schreibtempo von LRS-SchülerInnen. Die einen schreiben zu langsam und halten damit die ganze Klasse auf, die anderen sind zu schnell und machen hierdurch viele „Flüchtigkeitsfehler".

Es ist wichtig, daß jeder sein *eigenes* Schreibtempo findet. Dabei ist es besser, man schreibt langsam und kontrolliert, als schnell und hastig. („Nicht derjenige bekommt eine gute Note, der als erster fertig ist.") Bei den meisten führt das Mitsprechen zu einem gleichmäßigen (rhythmischen) Schreiben.

Achten Sie darauf, daß Sie (oder die MitschülerInnen) nicht durch unbedachte Äußerungen versteckt zum Schnellschreiben annimieren. Gerade das schnelle Schreiben führt dazu, daß LRS-SchülerInnen beim Schreiben nicht mehr verunsichert und damit auf Fehler aufmerksam werden. Schnellschreiben führt auch zu schnellem Sprechen und verhindert das konsequente Mitsprechen (Pilotsprache).

SchülerInnen, die zu schnell schreiben, sind meist zutiefst verunsichert. Sie wollen möglichst schnell fertig werden, das unangenehme Schreiben hinter sich bringen. Sie profitieren davon, wenn Sie konsequent zum Mitsprechen angehalten werden. Durch die Artikulationskontrolle verlangsamt sich auch ihre Schreibgeschwindigkeit automatisch. Allerdings brauchen gerade die Schnellschreiber eine sehr kontrollierte und konsequente Einübung der Pilotsprache, da sie häufig alles vermeiden, was sie davon abhält, möglichst schnell fertig zu werden.

Wenn Sie feststellen, daß einige (bei eigenem Schreibtempo) durchgehend schneller sind als andere, sollten Sie diese anhalten, die verbleibende Zeit mit der Anwendung von Korrekturstrategien sinnvoll zu verwenden.

SchülerInnen, die zu langsam schreiben, sind entweder motorisch träge/langsam oder brauchen viel Zeit, um die richtige Schreibweise zu (er)finden (z. B. SchülerInnen mit sprachlichen Schwierigkeiten).

Schnellschreibübungen sollten Sie nur mit denen durchführen, die langsam, aber richtig schreiben. Das sind meist die motorisch trägen. Wer sich bei keinem Wort so richtig entscheiden kann, verbessert sein Schreibtempo mit wachsender Rechtschreibsicherheit.

Das langsame Schreiben ist hier ein gutes Zeichen: Immerhin sind sie noch verunsichert (im Gegensatz zu den Schnellschreibern). Bei ihnen sorgt das Mitsprechen für mehr Schreibsicherheit und führt damit zu einer Temposteigerung. Für verunsicherte Kinder sind Schnellschreibübungen kontraindiziert.

Das gleiche gilt für jede Form der Aufforderung zum schnelleren Schreiben („Nun schreib doch mal ein bißchen schneller!" „Wir müssen mal wieder warten, bis Franz fertig ist."). Hilfreicher ist es, mit diesen Kindern differenzierte Diktate zu schreiben, sie nur einen Teil des Diktates schreiben zu lassen oder das Diktat mit mehreren Langsamen zu einer anderen Zeit zu schreiben.

Literaturhinweise:

Eine kurze theoretische Begründung für die Artikulationskontrolle (Pilotsprache) ist zu finden in:
BETZ, DIETER und BREUNINGER, H.: Teufelskreis Lernstörungen (S. 276 f.); Psychologie Verlags Union, Weinheim 1987

7.4 Übungen im Grundwortschatz

Der Wortschatz

Die rechtschriftliche Sicherung der Wörter im Grundwortschatz ist das Fundament aller weiteren Rechtschreibübungen. Als Grundwortschatz reicht in der Regel der Häufigkeitswortschatz von ca. 250 Wörtern aus.

Es gibt im wesentlichen nur zwei Wege, die richtige Schreibung eines Wortes zu lernen:
– die Automatisierung und
– die Einsicht.

Es wird sich nicht umgehen lassen, einen minimalen Wortschatz (Häufigkeitswortschatz) soweit einzuüben, bis die richtige Schreibweise automatisch kommt, ohne daß die SchülerIn hierüber nachzudenken braucht. Hierauf aufbauend kann dann die Schreibweise der meisten anderen Wörter „abgeleitet" werden.

Wenn wir als Erwachsene schreiben, dann wissen wir in der Regel nicht, warum wir ein Wort so und nicht anders schreiben. Dennoch sind wir uns sicher, wie es geschrieben werden muß. Dieses Schriftsprachgefühl, das zum Leitfaden für die Rechtschreibung wird, entwickelt sich bei Kindern erst langsam und nur auf dem Hintergrund einer minimalen Rechtschreibsicherheit. Grundlage hierfür ist die sichere Beherrschung eines Minimalwortschatzes (Grundwortschatz, Häufigkeitswortschatz).

Übungsformen

Es hat sich bei den meisten Schreiblehrgängen und LRS-Trainingsmaterialien die pädagogische Erkenntnis durchgesetzt, daß es motivierend und daher sinnvoll ist, die Übungsform flexibel zu gestalten. Erreicht werden soll hierdurch, daß ein möglichst vielfältiger Zugang zum Problem eröffnet wird. Für den Normalfall ist diese Einstellung richtig, für LRS-SchülerInnen nicht!

Wenn SchülerInnen motiviert sind, ihre Lücken abbauen wollen, lenkt ein zu vielfältiges Übungsangebot eher ab und wirkt störend.

> Es ist sinnvoller, sich auf einige wenige effektive Übungsformen zu konzentrieren, als durch immer neue Methoden Schüler zusätzlich zu verunsichern.

Welche Übungsformen Sie auch immer aus dem reichhaltigen Angebot aus-
wählen:
- Beschränken Sie sich auf drei bis maximal fünf verschiedene Übungsformen. Die SchülerInnen gewöhnen sich an diese Übungen und können
  Sie in der Regel nach kurzer Zeit selbständig oder in Partnerarbeit
  durchführen.
- Führen Sie eine neue Übungsform erst ein, wenn Ihre SchülerInnen die
  bisher besprochenen selbständig durchführen und ohne weitere Erklärung beherrschen.
- Wechseln Sie während einer Förderstunde nicht zu oft die Übungsform
  (maximal drei verschiedene Übungsformen).
- Vereinbaren Sie mit den SchülerInnen für die Übungsformen feststehen-
  de Symbole. Sie ersparen sich so auf Dauer die immer wiederkehrenden
  Erklärungen, was nun gemacht werden soll (womit in vielen LRS-Förderkursen viel Zeit verschwendet wird).
- Lassen Sie sich bei der Auswahl der Übungsformen nicht so sehr von
  „motivierenden Aufhängern" verleiten. Letztendlich gilt:

Schreiben lernt man nur durch Schreiben.

- Nur zwei Bedingungen sind für die Rechtschreibübungen wichtig:
  1. Es muß immer das ganze Wort geschrieben werden.
  2. Das Wort muß mehrmals wiederholt werden, und zwar so lange, bis
     die Wörter im Grundwortschatz sicher beherrscht werden.

Die Organisation der Übungen

Es gibt einige Hilfsmittel und Methoden, die das selbständige Üben am
Grundwortschatz erleichtern. Sie können mit dazu beitragen, daß das „stu-
re" Abschreiben interessant und die täglichen Übungen routiniert werden.
Nur wenn die täglichen Übungen zur Gewohnheit geworden sind, werden
Sie auch über einen längeren Zeitraum beibehalten.

Lernkartei

Für ein kontinuierliches Arbeiten am Grundwortschatz hat sich die Arbeit
mit einer Lernkartei am besten bewährt. Die Lernkartei besteht aus fünf Fä-
chern. Neue Wörter kommen ins 1. Fach. Wird ein Wort geübt und richtig

geschrieben, wandert es ins nächste Fach. Falsch geschriebene Wörter wandern immer zurück ins 1. Fach. Wörter, die 5mal hintereinander richtig geschrieben wurden, werden im 5. Fach alphabetisch sortiert. Im 5. Fach befindet sich der sicher beherrschte Grundwortschatz, auf den aufbauend weitergehende Übungen durchgeführt werden können (z. B. Wortfelder, umformen usw.).

Die Arbeit mit einer Lernkartei ist vor allem dann sinnvoll, wenn häufige Übungen im Grundwortschatz nötig sind und hier noch große Lücken bestehen. Um zu erreichen, daß SchülerInnen täglich und selbständig mit der Lernkartei arbeiten, hilft es, sie an einen gleichbleibenden Arbeitsablauf zu gewöhnen. Dies kann durch „Vordrucke" und Symbole erreicht werden.

Ein nicht zu unterschätzender Vorteil der Lernkartei besteht darin, daß man den Lernzuwachs „vor Augen" hat. Am Anwachsen der Kartei und dem Verlauf der Karteikarten kann man sehen, was man schon geschafft hat. Hierdurch wird der Lückenberg strukturiert und überschaubar. Wenn sich dann die Wörter im 5. Fach sammeln, kann diese Kartei auch als „Nachschlagewerk" benutzt werden.

Sprechende Lernkartei

Die sprechende Lernkartei ist eine „Erfindung" von Professor Betz. Sie ist bei SchülerInnen sehr beliebt. Man benötigt Tonspurkarten (Karteikarten mit aufgeklebtem Tonbandstreifen) und als Tonabnehmer einen Photo-Porst-Königsbildrecorder.

Wenn neue Wörter in die Lernkartei aufgenommen werden sollen, muß zunächst das Wort auf die Tonspurkarte geschrieben werden. Diese wird dann in den Recorder geschoben. Die Tonspur kann nun mit dem neuen Wort besprochen werden (wie bei einem Tonbandgerät). Danach kommt die Karteikarte ins 1. Fach der Lernkartei.

Sollen nun Wörter wiederholt werden, wird die Tonspurkarte aus der Lernkartei genommen und in den Recorder geschoben. Die SchülerInnen können hierbei das Wort noch nicht lesen. Über den Recorder können sie sich das Wort nun selbst „diktieren". Das zu übende Wort wird aufgeschrieben, die Karteikarte herumgedreht, und sie können kontrollieren, ob sie das Wort richtig geschrieben haben.

Die sprechende Lernkartei ist also ein hervorragendes Medium, um ein selbständiges Arbeiten mit Selbstkontrolle zu erreichen. Die SchülerInnen werden hierdurch im Üben unabhängig von der Hilfe durch LehrerIn oder Eltern. Die sprechende Lernkartei eignet sich daher besonders zur Verbesserung des selbständigen Übens zu Hause.

Tonbanddiktate

Sollen Wörterlisten oder ganze Texte geübt werden, ist es hilfreich, diese auf Tonband zu sprechen. Die SchülerInnen können sich (in der Klasse mit Kopfhörer) die Wörter anhören und schreiben. Über einen einfachen Fußschalter (ist für jedes Tonband mit Remote-Buchse für ein paar Mark im Handel erhältlich) können sie das Band anhalten. Sie brauchen dann nicht jedesmal die Pausentaste zu drücken, was den Schreibprozeß unterbricht.

Auch der Einsatz des Tonbandes macht beim Üben unabhängig von fremder Hilfe. Zur Selbstkontrolle erhalten die SchülerInnen zugleich mit dem Tonband die Wörterliste bzw. den Text.

Rechtschreibübungen am Computer

Inzwischen gibt es eine Vielzahl von Rechtschreibübungsprogrammen. Leider entsprechen die meisten Programme nicht den Anforderungen, die an eine pädagogisch sinnvolle Software zu stellen sind. Einige Programme lassen sich jedoch durchaus auch für die schulische Förderung nutzen. Die meisten Programme sind so aufgebaut, daß ein Wort auf dem Bildschirm gezeigt und anschließend von der SchülerIn über die Tastatur eingegeben wird. Der Computer kontrolliert, ob das Wort richtig geschrieben wurde, und gibt der SchülerIn hierüber eine entsprechende Rückmeldung.

Rechtschreibübungen am Computer mit pädagogisch sinnvollen Programmen sind dann wirksam, wenn sie in ein ganzheitliches Förderkonzept eingebunden sind. Der Computer kann verschiedene elementare Lerngesetze (wie z. B. die direkte, konsequente, „objektive", „neutrale" Rückmeldung, Lernverlaufskontrolle, nicht zu schwer und nicht zu leicht usw.) konsequenter berücksichtigen, als dies im Förderunterricht sonst möglich ist. Bei guten Programmen ist es eine gute Hilfe zur Individualisierung der Förderung. Als „neues Medium" übt er auf die meisten SchülerInnen eine besondere Faszination aus. Er ist daher auch ein gutes Hilfsmittel für die Förderung von SchülerInnen, die sich selbst aufgegeben haben oder schon eine Vielzahl verschiedener Förderungen erfolglos hinter sich haben.

Wenn Sie an einer Haupt- oder Gesamtschule arbeiten, sollten Sie sich mit dem Computer als Übungshilfe anfreunden, da in Ihrer Schule bereits Computer zur Verfügung stehen. Bislang gibt es nur wenige Grundschulen, die mit Computer ausgestattet sind. Viele haben jedoch inzwischen einen Computer zu Hause stehen. Daher lohnt es sich auch für GrundschullehrerInnen, sich mit Computerprogrammen zur Rechtschreibförderung zu beschäftigen.

Schreibschirm

Sollen Wörter nach optischer Vorlage (abschreiben) geübt werden, hat sich der Schreibschirm sehr bewährt. Dies ist eine einfache „Papptasche" mit ausgeschnittenen Fenstern.

Schreibschirm:

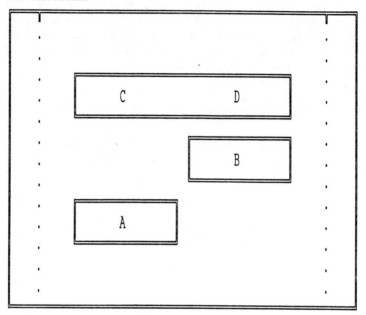

a) Pappe DIN A 4 quer
b) Fenster (A, B, C und D) ausschneiden
c) Fenster A, C und D mit Folie (Tageslichtschreiber) überkleben; nur Fenster B bleibt frei
d) an gepunkteter Linie umknicken

Wörterliste:

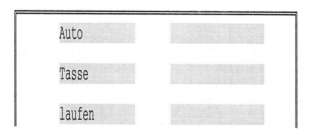

Die vorbereitete Wörterliste wird von unten durch die „Papptasche" (Schreibschirm) geschoben. Die SchülerIn kann nun zuerst in Feld A das Wort sehen und sich einprägen. Wenn sie die Wörterliste weiter nach oben schiebt, wird das Feld B zum Schreiben frei. Das zu schreibende Wort ist jetzt nicht mehr sichtbar. Wird die Wörterliste nach dem Schreiben noch weiter nach oben geschoben, erscheint in Feld C die Vorgabe und in Feld D das geschriebene Wort. Die SchülerIn kann nun vergleichen, ob sie das Wort richtig geschrieben hat. Da die Felder A, C und D mit Folie überklebt sind, kann sie das Wort nicht abschreiben, sondern muß es „aus dem Gedächtnis" schreiben bzw. korrigieren.

Mit diesem einfachen Hilfsmittel können SchülerInnen selbständig arbeiten und ihre Leistung selbst kontrollieren. Es eignet sich daher besonders für die Förderung in der Klasse (innere Differenzierung, Freiarbeit). Natürlich können auch Schreibschirm und Tonbanddiktat miteinander gekoppelt werden. In diesem Falle wird Feld A verdeckt.

Literaturhinweise:

Die Idee mit dem Schreibschirm stammt von Professor Betz (siehe: Teufelskreis Lernstörungen S. 280 ff. und S. 301). Ich habe diesen Schreibschirm so umfunktioniert, daß er auch ohne Sprachvorgabe genutzt werden kann.

Hilfreiche Übungen im Grundwortschatz haben zusammengetragen:
NIEDERSTEBERG, INGRID: Aufbau eines Grundwortschatzes: Klasse 1 und 2
SPITTA, GUDRUN: Möglichkeiten und Grenzen der Arbeit mit einem Grundwortschatz; in:
NAEGELE, INGRID und VALTIN, R. (Hrsg.): Rechtschreibunterricht in den Klassen 1–6, Arbeitskreis Grundschule Heft 56/57

Verschiedene Grundwortschätze finden Sie in:
BARTNITZKY, HORST und CHRISTIANI, R. (Hrsg.): Grundwortschätze – Materialband, CVK Verlag, Bielefeld 1983
PLICKAT, HANS-HEINRICH: Deutscher Grundwortschatz, Beltz Verlag, Weinheim und Basel 1980, 2. Aufl. 1983
NAUMANN, CARL LUDWIG: Rechtschreibwörter und Rechtschreibregelungen, Landesinstitut für Schule und Weiterbildung, Soest 1986

Differenzierte Grundwortschätze (Häufigkeitswortschatz, Wortschatz der häufig falsch geschriebenen Wörter, verschiedene Standardgrundwortschätze (Naumann, Bayern, Berlin, Hessen usw.) Sachwortschätze, Wortfelder, Morphemlisten sowie Buchstaben und Buchstabenfolgenlisten usw. usf.) sind auch auf Diskette für Commodore C64 Computer erhältlich:
SOMMER-STUMPENHORST, NORBERT: Colli – Computerunterstützte Lehr- und Lernhilfen; zu beziehen über Klaus Offenberg, Zumlohstr. 1 a, 4410 Warendorf, Tel. 0 25 81 – 63 34 81

Eine Anleitung zur Arbeit mit der Lernkartei:
PORTMANN, ROSEMARIE: Wir üben zu Hause – Hinweise für Eltern; in:
NAEGELE, INGRID und VALTIN, R. (Hrsg.): s. o.

Und zur sprechenden Lernkartei:
BREUNINGER, HELGA und BETZ, D.: Jedes Kind kann Schreiben lernen;
Beltz Verlag 1982

Die Photo-Porst-Königsbildrecorder und Tonspurkarten für die sprechende Lernkartei können bezogen werden über:
LRS-Zentrum Essen, Effmannstraße 2, 4300 Essen-Werden

Programme für Übungen im Grundwortschatz am Computer:
SOMMER-STUMPENHORST, NORBERT: Colli – Computerunterstützte
Lehr- und Lernhilfen; Grundwortschatztraining; Bezugsadresse s. o.
SCHUBENZ: Cokos – Psychologisches Institut der Freien Universität Berlin

Einen Überblick über Lernsoftware finden Sie in:
HAMEYER, UWE und WALTER, J.: Software für Lernbehinderten- und För-
derpädagogik; Schriftenreihe Studien zur Bildung und Wissenschaft Bd. 65, Hrsg.:
Bundesminister für Bildung und Wissenschaft, Bonn 1988
Hinweise auf pädagogisch sinnvolle Förderprogramme sind zu erhalten beim Lan-
desinstitut für Schule und Weiterbildung – Softwareberatungsstelle; Paradieser
Weg 64, 4770 Soest

7.5 Verbesserung des Schriftsprachgefühls

Natürlich können und sollen SchülerInnen nicht die richtige Schreibweise
aller Wörter auswendig lernen. Auf dem Hintergrund der sicheren Beherrschung eines Grundwortschatzes geht es im nächsten Schritt der Förderung
darum, die gelernten Schreibweisen als Rechtschreibmuster für viele weitere
Wörter zu erkennen und dementsprechend zu nutzen.

Viel wichtiger als das Lernen von Rechtschreibregeln ist es, ein Recht-
schreibgespür zu vermitteln. Dies gelingt (paradoxerweise) nicht über das
Schreiben, sondern viel schneller und nachhaltiger über das Lesen. Dabei
hat sich folgende Vorgehensweise für Fördergruppen bewährt:

1. Schritt: *auf bekannte Wörter zurückgreifen*
Legen Sie zunächst den zu bearbeitenden Fehlerschwerpunkt fest. Hierzu
ist es praktisch, wenn Sie regelmäßig die schriftlichen Klassenarbeiten und
Übungen der LRS-SchülerInnen gesondert auswerten. Sie erhalten so einen
Überblick, welche Fehlerschwerpunkte in der Fördergruppe von besonde-
rer Bedeutung sind (z. B. Dehnungen, Dopplungen, Schärfungen usw.).

Zerlegen Sie dann den Fehlerschwerpunkt in einzelne Teilbereiche (z. B. bei Konsonantverdopplung nach kurzem Vokal in . ll, . mm, . nn usw.). Suchen Sie nun gemeinsam mit den SchülerInnen aus der Lernkartei alle Wörter heraus, die zu dem Teilbereich gehören. Sortieren sie aus den gefundenen Wörtern Ableitungen aus. Wenn z. B. das Wort ‚kommen' in der Lernkartei vorkommt, sortieren sie ‚ankommen', ‚bekommen' usw. aus. Die Karteikarten werden gemischt und laut vorgelesen. Wichtig ist hier, ganz normal zu sprechen und nicht durch eine besondere Betonung auf das Rechtschreibproblem aufmerksam zu machen. Lesen Sie also nicht ‚kommen'. Die Gemeinsamkeit der Wörter (z. B. doppelter Konsonant) wird mit den SchülerInnen besprochen (ohne hierbei auf Regeln einzugehen). Entscheidend ist, daß sie den „gemeinsamen Klang" der Wörter „erleben".

2. Schritt: *Wortfelder suchen*
Zu jedem einzelnen Wort werden nun gemeinsam Ableitungen und verwandte Wörter gesucht. Alle gefundenen Wörter werden aufgeschrieben. Es hat sich bewährt, wenn die LehrerIn die Wörter mit der Schreibmaschine direkt auf Abzugspapier schreibt. So kann dann jeder später eine komplette Wörterliste bekommen.

Beispiel aus einer Fördergruppe:

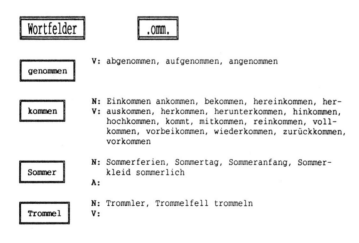

Es ist für mich immer wieder erstaunlich, wie viele Wörter die SchülerInnen einer Fördergruppe finden.

3. Schritt: *Wörterlisten hören und lesen*
Die so entstandene Wörterliste wird nun von allen SchülerInnen der Fördergruppe und der LehrerIn laut vorgelesen.
Probieren Sie aus, wie Sie das Vorlesen am besten gestalten. Manche möchten gerne die vorgelesenen Wörter mitlesen, andere können sich besser konzentrieren, wenn sie die Augen geschlossen haben und nur zuhören. Wenn Sie Erfahrung mit Entspannungsübungen und Entspannungsmusik gemacht haben, können Sie diese Übungen auch in ein Entspannungstraining einbetten. Effektiv ist es auch, wenn parallel zum Vorlesen die Wörter tachistoskopisch über den Overheadverschluß (siehe Kap. 6.6) oder Computer (siehe Kap. 7.4) gezeigt werden.

Nützlich ist es zudem, beim Vorlesen einen Kassettenrecorder mitlaufen zu lassen. Sie können sich dann (z. B. als Hausaufgabe) diese Wörterliste mehrmals anhören. Gerade den Mißerfolgsorientierten gefällt es, wenn sie als Rechtschreibübung nicht zu schreiben brauchen, sondern lesen und zuhören dürfen.

Worauf Sie achten müssen:

Bei dieser Vorgehensweise gibt es drei wichtige Regeln, die unbedingt eingehalten werden müssen:
1. *Die richtige Schreibweise der Vorgabewörter muß ganz sicher beherrscht werden.* Verwenden Sie daher als „Stammwörter" die Wörter aus dem Übungswortschatz. Insbesondere für ausländische Kinder gilt darüber hinaus, daß diesen auch die Bedeutung der Vorgabewörter bekannt sein muß.
2. *Die Wörterlisten dürfen nur eindeutig zum Problembereich gehörende Wörter enthalten. Nie und nimmer dürfen die Wörterlisten gleich oder ähnlich klingende, aber verschieden geschriebene Wörter enthalten. Verwechslungen müssen absolut ausgeschlossen sein.*
   Wenn Sie z. B. eine Wörterliste mit Verdopplung des Konsonanten nach kurzem Vokal üben, darf diese Liste keine Wörter enthalten, die nicht eindeutig dieser Regel entspricht (z. B. kurz gesprochener Vokal ohne Konsonantverdopplung).
3. *Aufeinander folgende Wörterlisten müssen Verwechslungen mit der vorhergehenden ausschließen.*
   Haben Sie beispielsweise gerade Wörterlisten mit Dehnungs-H geübt, dürfen Sie als nächsten Übungsschwerpunkt keine Wörter mit langgesprochenem Vokal ohne Dehnungs-Kennzeichnung besprechen.

Sinnvoll ist es, wenn Sie darüber hinaus:

4. sich in jeder Förderstunde nur auf einen kleinen Teilbereich konzentrieren und nicht in zu großen Schritten vorgehen (Beispiel Konsonantverdopplung: 1. Stunde: . amm, 2. Stunde: . omm, 3. Stunde: . emm usw.).

Häufig scheuen sich LehrerInnen, ein Problem so weit zu zergliedern, weil sie Sorge haben, daß sie auf diese Weise mehrere Jahre brauchen, um alle Problembereiche durchzunehmen. Nach meiner Erfahrung ist diese Sorge unbegründet. Einerseits: Je weiter Sie den Problembereich einengen, desto schneller und sicherer bildet sich ein Sprachgespür. Andererseits: Wenn Sie die Fehlerschwerpunkte der Fördergruppe analysieren, werden Sie in der Regel gar nicht so viele Bereiche als förderungsrelevant finden.

5. Wiederholen Sie in jeder Förderstunde zunächst die letzten beiden Wörterlisten. Damit stellen Sie sicher, daß das neu gebildete Sprachgespür immer wieder aufgefrischt wird.

Literaturhinweis:

Wörterlisten zu bestimmten Rechtschreibproblemen und als Leselisten zur Förderung des Schriftsprachgespürs sind auf Diskette (C64) erhältlich; SOMMER-STUMPENHORST, NORBERT: COLLI – Computerunterstützte Lehr- und Lernhilfen; Grundwortschatztraining; zu beziehen über Klaus Offenberg, Zumlohstr. 1 a, 4410 Warendorf, Tel. 0 25 81 – 63 34 81

7.6 Korrekturstrategien

Die Regeln zur deutschen Rechtschreibung sind umfangreich und oft so kompliziert und voller Ausnahmeregelungen, daß es unmöglich ist (von einigen Ausnahmen abgesehen), die deutsche Rechtschreibung über Regeln zu lernen. Auch wäre es eine Überforderung zu erwarten, daß sich SchülerInnen bei jedem Wort genau überlegen, wie dieses geschrieben werden muß.

Wenn wir etwas schreiben, gehen wir meist ganz anders vor. Wir schreiben „drauflos", bis wir an ein Wort kommen, bei dem wir nicht ganz sicher sind, wie es geschrieben wird. Bei diesen wenigen Wörtern fangen wir an zu überlegen. Da LRS-SchülerInnen fast bei jedem Wort unsicher sind, überlegen sie bei keinem und schreiben immer drauflos.

Die sichere Beherrschung des Grundwortschatzes und die Bildung eines Schriftsprachgespürs durchbrechen diese „allgemeine Verunsicherung".

Erst jetzt wird es möglich, die „verbleibende Verunsicherung" für ein gezieltes Nachdenken über die richtige Schreibweise zu nutzen. Mit Hilfe verschiedener Korrekturstrategien sollen Möglichkeiten aufgezeigt werden, wie man sich im Zweifelsfalle die richtige Schreibweise erschließen kann. Die Korrekturstrategien können nur dann sinnvoll eingesetzt werden, wenn man sich im allgemeinen sicher fühlt. Die Vermittlung dieser Strategien (die den SchülerInnen im Prinzip bekannt sind) ist daher der letzte Schritt in der LRS-Förderung. Steht die Vermittlung von Rechtschreibregeln am Anfang der Förderung, werden es die SchülerInnen schnell wieder aufgeben, die Regeln anzuwenden, da es nicht gelingen kann, bei jedem Wort nachzudenken und nach passenden Rechtschreibregeln zu suchen. Lediglich zum Einüben einer Strategie macht es Sinn, die Strategie auf alle Wörter eines Textes anzuwenden.

Für die Bearbeitung eines Diktattextes haben sich folgende Korrekturstrategien als besonders effektiv erwiesen:

1. Alle Wörter? Alle Punkte?
Beim Vorlesen des gesamten Textes nach dem Diktat werden die SchülerInnen angehalten, nur darauf zu achten, ob sie alle Satzzeichen richtig gesetzt und den Text vollständig haben. Falschschreibungen und fehlende Textstellen werden nur kurz markiert und anschließend bearbeitet (LehrerIn fragen).

2. Lesen, was da steht
In einem zweiten Korrekturschritt sollen sich die SchülerInnen den Text Wort für Wort ansehen und genau lesen, was sie geschrieben haben. Damit sie nicht zu schnell über den Text hinweglesen, werden sie angehalten, den Text von hinten nach vorne zu bearbeiten. Hierbei verwenden sie eine „Korrekturkarte". Dies ist eine Karteikarte, aus der ein Sichtfenster ausgeschnitten ist. Auf dieser „Korrekturkarte" können sie auch weitere individuelle Strategien für die Korrektur vermerken.

Beispiel für eine „Kontrollkarte":

vorwärts:	mitlesen und markieren
rückwärts:	lesen, was da steht
vorwärts:	Wortart, Ableitungen, verw. Wörter

Nomen:	ein(e) / viele	Namen, Dinge
Verb:	er, ich / wir	was tut er
Adjektive:	steigern (noch/am...)	wie ist er

Wird diese Strategie konsequent eingeübt, lesen die SchülerInnen ganz genau, was sie geschrieben haben, sind sie in der Lage, alle Durchgliederungsfehler zu finden. Das genaue Lesen eines jeden einzelnen Wortes führt auch dazu, daß die Fehler in den Wörtern gefunden werden, die sie im Prinzip richtig schreiben können (sog. Flüchtigkeitsfehler).

3. Nachschlagen

Wenn die SchülerInnen ein Gespür für verschiedene Fehlerschwerpunkte entwickelt haben, ist es wichtig, daß sie lernen, ihre neu erwachsende Verunsicherung beim Schreiben fruchtbar zu nutzen. Sie sollten daher konsequent ermutigt werden, bei jenen Wörtern, bei denen sie unsicher sind, im Wörterbuch nachzuschlagen.

Es ist wichtig, das Nachschlagen in einem Wörterbuch oder der Lernkartei ausdrücklich zuzulassen (und natürlich die gefundenen Fehler auch nicht nachträglich als Fehler zu bewerten). Auf diese Weise bestärken Sie die SchülerIn darin, ihre Verunsicherung wahrzunehmen und fruchtbar zu nutzen. Verbieten Sie diese Korrekturtechnik, dann verführen Sie die SchülerInnen zum „Drauflosschreiben".

Arbeiten Sie im Förderunterricht mit der Lernkartei, können die SchülerInnen auch diese als Nachschlagewerk benutzen. Gerade wenn sie mit dem Lesen von Wörterlisten gearbeitet haben, werden die Karteikarten eine Gedächtnisstütze für viele weitere Wörter sein.

4. Individueller Fehlerschwerpunkt

Wenn sich bei einer SchülerIn typische Fehlerschwerpunkte herausstellen, kann diese angehalten werden, den Text noch einmal auf diesen Fehlerschwerpunkt hin zu untersuchen. Die Strategie zur Bearbeitung des individuellen Fehlerschwerpunktes sollte aufgrund der Fehleranalyse mit jeder SchülerIn im Förderunterricht einzeln besprochen werden.

Werden die vier Schritte der Rechtschreibförderung (Schreibstrategien, Sicherung eines Grundwortschatzes, Förderung des Schriftsprachgefühls und konsequente Anwendung von Korrekturstrategien) intensiv durchgearbeitet, verbleiben am Ende in der Regel nur noch wenige Rechtschreibfehler, die nicht mit diesen Strategien vermieden werden können. Für die LRS-Förderung reicht das.

Anhang

A Das Wirkungsgefüge des Lernens

Betz faßt die inneren und äußeren Bedingungen, die beim Lernen wirksam werden, in einem Strukturmodell zusammen.

Positive Lernstruktur:

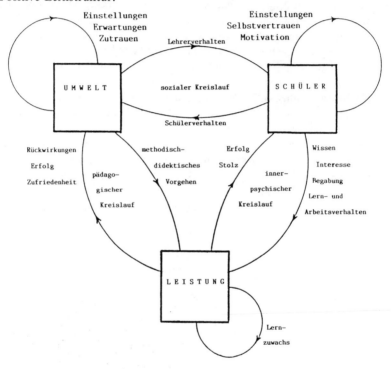

Der *U-Block* umfaßt die soziale Umwelt der SchülerIn, die LehrerIn, die Eltern und Geschwister, vielleicht auch Einfluß nehmende Onkel und Tanten oder im Hause wohnende Großeltern. Natürlich auch die MitschülerInnen und FreundInnen.

Im *S-Block* ist die SchülerIn, mit all ihren Fähigkeiten und Fertigkeiten, ihrer emotionalen Verfassung und der biologischen Voraussetzungen, die sie mitbringt; er umfaßt das Selbstkonzept der SchülerIn, ihr Selbstvertrauen.

Der *L-Block* ist der Gegenstand unserer Betrachtung. Genaugenommen ist er aus den anderen beiden Blöcken herausgelöst. In unserem Falle die Leistung der SchülerIn, Ihr Lesen und Rechtschreiben.

Nehmen wir als Beispiel Susanne. Schon im Kindergarten ist sie ein aufgewecktes Mädchen, das gerne und ausdauernd spielt und Bilderbücher ansieht. Besondere Schwierigkeiten (Verhalten, Motorik, Sprache) hatte sie bisher nicht. Die Eltern erwarten daher, daß sie auch in der Schule gut zurechtkommen wird. Susannes Leistungen (L) entsprechen den Erwartungen (U-L) der Eltern, sie hat Erfolg (L-S).

Dieser Erfolg im Anfangsunterricht wirkt zurück auf ihr Selbstwertgefühl. Sie faßt Selbstvertrauen und sagt zu sich: „Das kann ich." (S-S) Ihr macht die Schule Spaß, sie lernt mit Freude (S-L), und hierdurch lernt sie auch schneller und intensiver (L-L), sie hat Erfolg (L-S). Die Erfolgserlebnisse beflügeln sie (S-S). Sie lernt und übt auch über das geforderte Maß hinaus (S-L); sie geht in die Bücherei und liest gerne Kinderzeitungen, wodurch sich ihre Lese- und Schreibfertigkeiten weiter verbessern (L-L) und sie entsprechend großen Erfolg (L-S) in der Schule für sich verbuchen kann.

Sie werden solche Kinder kennen. Sie kommen gern in die Schule, und wir haben den Eindruck, daß ihnen einfach alles gelingt. Es macht Spaß, Susanne zu unterrichten. Die LehrerIn sieht ihre Erwartungen und Methoden (U-L) bestätigt; was sie im Unterricht macht, kommt an, fällt auf einen fruchtbaren Boden (L-U). Sie ist zufrieden (L-L). Natürlich spürt auch Susanne, daß es der LehrerIn Spaß macht, ihr etwas beizubringen, daß sie mit ihren Leistungen zufrieden ist (U-S). Das stärkt Susannes Motivation und Lernfreude (S-L).

Den Eltern geht es nicht anders. Sie erfahren, daß die Schule ihrem Kind Spaß macht und daß Susanne etwas lernt (L-U). Sie sind stolz und zufrieden (U-U). Es entsteht ein gutes soziales Klima, in dem Susanne die emotionale Unterstützung bekommt, die sie braucht (U-S). Das Lob der Eltern tut Susanne gut (S-S). Sie kann den Erwachsenen vertrauen (S-U) und wird, um auch weiterhin die gleiche Anerkennung zu bekommen, mit gleichem Eifer weiterlernen (S-L).

Lernen ist mehr als nur ein kognitiver Prozeß. Das Wirkungsgefüge des Lernens ist überaus komplex. Alle Wirkungen hängen in Kreisprozessen zusammen, die sich gegenseitig stützen. Mit der Zeit entwickelt sich ein stabiles Gefüge, das auch durch einzelne Mißerfolge nicht bedroht wird.

Auch wenn Leistungsschwankungen auftreten, haben die Erwachsenen soviel Zutrauen und das Kind genügend Vertrauen, daß die Schwankungen aufgefangen werden, ohne daß echte Störungen auftreten. Die SchülerIn hat damit die Voraussetzungen, den angebotenen Lernstoff (mit den zugehörigen Techniken) zu „verdauen" und sich verfügbar zu machen.

An dem Strukturmodell wird deutlich, daß alle aufgezeigten Wirkungen gleichzeitig vorhanden sind. Hier ist nichts früher oder später. Was das Wirkungsgefüge aufrechterhält, sind andauernde Prozesse, die insgesamt ein gutes Lernklima charakterisieren.

Die Lernstruktur von LRS-SchülerInnen

Das gleiche Wirkungsgefüge kann benutzt werden, wenn wir Schwierigkeiten beim Lernen (hier beim Lesen- und Rechtschreiben) verstehen wollen. Sie werden sehen, wie sich die gesamte Lernstruktur bei auftretenden Schwierigkeiten verändert. Deshalb bezeichnen wir die Kreisprozesse hier als „Teufelskreise".

Teufelskreise:

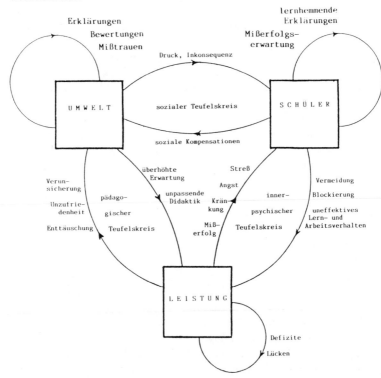

Nehmen wir als Beispiel Franz. Er hat erst spät sprechen gelernt und ist motorisch nicht sehr geschickt. Im Kindergarten fiel er nicht auf, weil es Franz gut gelang, feinmotorischen Arbeiten (schneiden, basteln, malen) aus dem Weg zu gehen. Warum sollten seine Eltern also von ihm etwas anderes erwarten als von Susanne?

Doch schon nach den ersten Monaten in der Schule treten Schwierigkeiten auf. Die Girlanden, Arkaden und Buchstaben gelingen Franz nicht so gut. Irgendwie sieht es bei ihm immer unordentlich und krakelig aus (L-L). Franz sieht, daß diese „einfache" Aufgabe seinen MitschülerInnen besser gelingt. Es ist klar, daß dies auf sein Selbstwertgefühl (S-S) negativ wirkt.

Franz wird sich vielleicht fragen: „Wieso kann der Paul so gut Kreise und Girlanden malen, wo der doch viel schlechter Fußball spielen kann als ich." Er wird sich eine Erklärung (S-S) für seine Schwierigkeiten zurechtlegen, vielleicht sogar glauben, daß da irgend etwas mit ihm nicht stimmt, wenn er schon bei so einfachen Aufgaben scheitert (S-S).

Auch die LehrerIn und die Eltern merken, daß mit Franz etwas nicht stimmt (L-U). Die Eltern machen sich Sorgen (U-U) und versuchen, auf Franz Einfluß zu nehmen (U-S). Die Mutter setzt sich bei den Hausaufgaben neben Franz und hilft ihm (U-L). Doch immer wieder wird sie durch die Leistungen von Franz enttäuscht (L-U). Gerade noch haben sie die Wörter fleißg geübt, doch im Diktat sind wieder alle falsch geschrieben. Mit der Zeit wird auch die Mutter mutlos (U-U), traut ihrem Sohn immer weniger zu (U-L) und ist verärgert (U-S), daß ihre Mühe nicht zum Erfolg führt. Jedenfalls ist von dem Zutrauen des positiven Falles nichts zu spüren, die Eltern zweifeln eher daran, daß das Kind die nötigen Voraussetzungen mitbringt, sie sind verunsichert (U-U). Dies spürt natürlich das Kind (U-S), was wiederum zu einer weiteren Schwächung seines Selbstvertrauens (S-S) führt.

Und wie geht es Franz? Da die Förderung an der falschen Stelle einsetzt (Wörter üben anstatt Motorik und Sprache), bleibt sie erfolglos. Das schwächt das Selbstwertgefühl (S-S), die Motivation zum zusätzlichen Arbeiten nimmt immer mehr ab (S-L). Mit wachsenden Mißerfolgen beginnt Franz, sich um alles Lesen und Schreiben immer mehr herumzudrücken (S-L). Dadurch vergrößern sich seine Lücken (L-L), und der Erfolg rückt in immer größere Ferne (L-S).

Sie als LehrerIn haben einen schweren Stand: Franz gehört zu den Langsamen, er behindert Ihren Unterricht (L-U) und fordert immer wieder besondere Zuwendung (U-S). Ihre Unterrichtsmethode (U-L), mit der die anderen SchülerInnen lesen und schreiben lernen, greift bei diesem Kind nicht. Als gute LehrerIn werden Sie Ihre Methode variieren

(U-L) und dem Kind helfen. Weil Franz das Lesen schwerfällt, lassen Sie ihn im Unterricht häufiger vorlesen. Franz denkt sich: „Warum nimmt die mich immer wieder dran, die weiß doch genau, daß ich das nicht kann; die will mich vor der ganzen Klasse blamieren." Ihre Hilfe wird mißverstanden und als Schikane (U-S) interpretiert, was sich weiter negativ auf Ihre Beziehung zu Franz auswirkt (U-S-U).

Bei den vielen Mißerfolgen, die Franz einstecken muß, bleibt ihm nichts anderes übrig, als sich die entgangene Anerkennung auf anderem Weg zu holen? Da für die LehrerIn und die Eltern nur das Lesen und Schreiben wichtig zu sein scheinen, versucht er die MitschülerInnen für sich zu gewinnen und spielt den Klassenkasper (S-U). Er macht Unfug und stört den Unterricht. Damit aber tut er genau das Gegenteil von dem, was die Erwachsenen für angemessen halten. Nun müssen Sie als LehrerIn nicht allein auf die Leseschwierigkeiten, sondern immer stärker auf sein unangemessenes Verhalten reagieren (U-S). Sie werden (oder müssen) versuchen, sein Verhalten zu korrigieren, ermahnen, Druck ausüben usw. (U-S). Das führt bei Franz zu weiteren sozialen Reaktionen (S-U). All das tut seinem Selbstgefühl nicht gut (S-S). Von Selbstvertrauen ist keine Rede, eher finden sich Erklärungen wie „Das schaffe ich nie." oder „Der kann mir gestohlen bleiben." (S-S)

Beim Lesen und Schreiben hat Franz keinen Erfolg. Es macht ihm keinen Spaß. Mit der Zeit wird er Lesen und Schreiben als anstrengend erleben und diese Arbeit immer mehr vermeiden (S-L). Die Lücken wachsen weiter an (L-L), und die Mißerfolge häufen sich (L-S). Franz weiß, daß ihm Lesen und Schreiben schwerfallen und daß er in Diktaten immer viele Fehler macht (L-S). Er wird mit einem ganz anderen (unguten) Gefühl an ein Diktat herangehen (S-L) als die erfolgsverwöhnte MitschülerIn.

Wir wissen (spätestens seit Frederic Vester), daß Angst die geistigen Vorgänge blockiert (S-L). Dies verschärft das Problem unseres Schülers zusätzlich. Stellen Sie sich vor, Franz hat wirklich einmal für die nächste Klassenarbeit fleißig geübt. In der Klassenarbeit ist er verunsichert, ein unbekanntes Wort macht ihn nervös, es entwickeln sich Angst und Streß. Am Ende hat Franz wieder genauso 20 Fehler wie bei jeder Arbeit. Die (logische) Schlußfolgerung, die Franz für sich hieraus zieht, heißt: „Ob ich übe oder nicht, am Ende steht doch eine 6 da." Die Leistung (L-S) bleibt noch hinter dem Stand zurück, der ihm „eigentlich" möglich wäre – was wiederum die Angst verstärkt (S-L) . . . usw.

Aus dem positiven ist der negative Fall geworden. Was gleichgeblieben ist, ist die Art, wie die einzelnen Bedingungen (Faktoren) zusammenwirken, wie das eine mit dem anderen zu tun hat und wie sich die verschiedenen Einflüsse in Teufelskreisen hochschaukeln. Zwar ist die innere Struktur des Wirkungsgefüges gleichgeblieben, aber sie hat eine ganz andere Qualität bekommen.

B Standardisierte Untersuchungsverfahren

Für die in der Durchführung standardisierter Verfahren ausgebildeten LehrerInnen, insbesondere für BeratungslehrerInnen hier eine Liste brauchbarer Verfahren für die weitergehende und differenzierte Analyse der Lernbedingungen. Ich beschränke mich auf jeweils ein Verfahren (oder Untertest), das sich in meiner Praxis am besten bewährt hat oder das leicht zu handhaben und genügend aussagekräftig ist.

Einschulung/Schulreife:
TES (Testbatterie für entwicklungsrückständige Schulanfänger)
von Reimer Kornmann
Beltz Test Verlag
Normierung für Schulanfänger (und Testwiederholung)

Motorik:
LOS KF 18 (Lincoln Oseretzky Skala – Kurzform 18 Aufgaben)
deutsche Bearbeitung von Dietrich Eggert
Beltz Test Verlag
Normtabellen u. a. auch für GrundschülerInnen

Sprachverarbeitung:
PET (Psycholinguistischer Entwicklungstest)
von M. Angermeier
Beltz Test Verlag
hier insbesondere die Untertests:
WE Wörter ergänzen und
LV Laute verbinden
Normtabellen für SchülerInnen im Grundschulalter

Arbeitsverhalten und Konzentration:
KHV Konzentrations-Handlungsverfahren
von Inge Koch und Sigrid Pleißner
Psychodiagnostisches Zentrum Berlin
Standardisierung (DDR) von 7 bis 9 Jahren

KHV Konzentrations-Handlungsverfahren
Untertest aus der TES (s. o.)

Lernverhalten und Lernstrategie:
SLT Situations-Lerntest
von Rolf Legler
Psychodiagnostisches Zentrum Berlin
Standardisierung (DDR) von 7 bis 9 Jahren

Visuelle Wahrnehmung:
FEW (Frostigs Entwicklungstest der visuellen Wahrnehmung)
deutsche Standardisierung von Oskar Lockowandt
Beltz Test Verlag
Normtabellen für SchülerInnen im Grundschulalter

Lesen:
DLF 1-2 (Diagnostischer Lesetest zur Frühdiagnose von Lese-
störungen)
von Rudolf Müller
Beltz Test Verlag
Normtabellen für Ende Klasse 1 und Mitte Klasse 2
ZT   (Züricher Lesetest)
von Hans Grissemann und Maria Linder
Verlag Hans Huber
Normierung für SchülerInnen der Klassen 2 bis 5
ZLVT (Züricher Leseverständnistest)
von Hans Grissemann/Werner Baumberger
Verlag Hans Huber
Normierung für SchülerInnen der Klassen 4 bis 6

Rechtschreiben:
TGR 1/2 (Test Grundanforderungen Rechtschreibung)
von Dorit Peh und Peter Rathenow
Beltz Test Verlag
Normierung für die Durchführung Ende Klasse 1, Anfang
Klasse 2 und Mitte Klasse 2
DRT 2 (Diagnostischer Rechtschreibtest Klasse 2)
von Rudolf Müller
Beltz Test Verlag
Normierung Ende Klasse 2

DRT 3 (Diagnostischer Rechtschreibtest Klasse 3)
von Rudolf Müller
Beltz Test Verlag
Normierung Ende Klasse 3
WRT 4-5 (Westermann Rechtschreibtest Klasse 4 und 5)
von P. Rathenow
Westermann Verlag
Normierung Klasse 4 und Anfang Klasse 5
WRT 6+ (Westermann Rechtschreibtest ab Klasse 5)
von P. Rathenow, D. Laupenmühlen und J. Vöge
Normierung Ende Klasse 5 bis Anfang Klasse 8

C Verwendete Literatur – Quellenangaben

ANGERMEIER, M. (Hrsg.): Legasthenie. Frankfurt 1976, S.346

ANGERMEIER, M.: Sprache und Konzentration bei Legasthenie. Göttingen 1974

ARNOLDY, PETER: Achtung aufgepaßt. München 1978

ATZESBERGER, M., FREY, H.: Förderung von lese- und rechtschreibschwachen Grundschülern. Mainz 1979

ATZESBERGER, M. und HAHN, E.: Probleme der Legastheniepädagogik. 3. Auflage, Schwäbisch Gmünd 1975

AYRES, A. J.: Bausteine der kindlichen Entwicklung. Berlin/Heidelberg 1984

BALHORN, H. und BRÜGELMANN, H. (Hrsg.): Jeder spricht anders. Konstanz 1989

BARTNITZKY, HORST und CHRISTIANI, R. (Hrsg.): Grundwortschätze – Materialband. Bielefeld 1983

BECK, MANFRED und GERD MANNHAUPT: Prävention und Intervention bei Schulschwierigkeiten – Neue Ansätze für die Arbeit in der Schule. Tübingen 1986

BECK, M.: Vorschulindikatoren für Erfolg bzw. Mißerfolg beim Lesen- und Schreibenlernen: Das Bielefelder Screening-Verfahren. In: DUMMER, L. 1987, S. 104 ff.

BECKER, R.: Die Lese-Rechtschreibschwäche aus logopädischer Sicht. Berlin 1977

BELMONT, L., BIRCH, H. G.: Lateral dominance, lateral awareness and reading disability. Child Development 1965, 36, 57

BESCHL. D. KMK VOM 20. 4. 1987: In: Gemeinsames Ministerialblatt, 29, Nr. 21, Hrsg. Bundesminister des Inneren, Seite 325 ff. Erlaß zur Förderung von Schülern mit Lese-Rechtschreibschwäche (Legasthenie). In: Nachrichtenblatt Nr.20/1985 des Kultusministers Schleswig-Holstein

BETZ, DIETER: Der Computer als Therapeut. In: SOMMER-STUMPENHORST, N. 1987

BETZ, D. und BREUNINGER, H.: Teufelskreis Lernstörungen, Weinheim 2. Auflage 1987

BLADERGROEN, W. J.: Über die Diagnostik und Therapie von Lesehemmungen. In: PKP 4, 1955, 6-14; zitiert nach VALTIN, R., 1973

BLUMENSTOCK, LEONARD: Handbuch der Leseübungen. Weinheim und Basel 1983

BÖHM, OTTO/KORNMANN, REIMER: Lesen und Schreiben in der Sonderschule – Vorschläge und Erfahrungen aus der Sonderschule für Lernbehinderte. Weinheim und Basel 1983

BREUER, H. und WEUFFEN, M.: Gut vorbereitet auf das Lesen- und Schreibenlernen? Berlin 1986

BREUNINGER, HELGA: Theorie und Praxis von LRS. In: SOMMER-STUMPENHORST, N. 1987

BREUNINGER, H. und BETZ, D.: Jedes Kind kann schreiben lernen. München 1982

BRÜGELMANN, HANS (Hrsg.): ABC und Schriftsprache: Rätsel für Kinder, Lehrer und Forscher. Konstanz 1986a

BRÜGELMANN, H.: Die Schrift entdecken. Konstanz 1984, 2. erw. Aufl. Konstanz 1986

BRÜGELMANN, H.: Kinder auf dem Weg zur Schrift. Konstanz 1983, 2. erw. Aufl. Konstanz 1986

BUSEMANN, A.: Psychologie der Intelligenzdefekte. 4. Aufl. München 1968

DEEGENER, G.: Anamnese und Biographie im Kindes- und Jugendalter. Weinheim 1984

DEEGENER, G.:Neuropsychologie und Hemisphärendominanz. Beziehungen zwischen Händigkeit, Sprache und fuktionaler Hemisphärenasymmetrie. Stuttgart 1978

DEEGENER, G.: Funktionale Hemisphärenasymmetrie bei Legasthenikern. Praxis der Kinderpsychologie und Kinderpsychiatrie 1979, 7, 254

DELACATO, C. H.: Diagnose und Behandlung der Sprach- und Lesestörungen. Freiburg 1970

DELACATO, C. H.: Ein neuer Start für Kinder mit Lesestörungen. Freiburg im Breisgau 1973

DEUTSCHE UNESCO-KOMMISSION: Alphabethisierung. Informationen zum internationalen Alphabetisierungsjahr 1990; Bonn 1988

DGSpH (Deutsche Ges. f. Sprachheilpädagogik (Hrsg.)): Sprachstörungen und Mehrfachbehinderung. S. 62 – 170; Hamburg 1971

DIFF Deutsches Institut für Fernstudien: Fernstudienlehrgang Legasthenie. Tübingen

DRUNKEMÜHLE, GEPPERT und GLÄSSER: Unterrichtspraxis Grundschule. Förderunterricht in der Grundschule. Frankfurt/Main 1985

DUDEN: Duden, Bd. 1, Die Rechtschreibung. Mannheim 1980

DUMMER, L.: Die spezifische Legasthenie im Kontext der Biologie (Zusf. zweier Vorträge von A. M. GALABURDA). In: Dummer, L., Hannover 1987

DUMMER, L.: Legasthenie, Bericht über den Fachkongress 1982. Bundesverband Legasthenie e. V., Hannover 1983

DUMMER, L.: Legasthenie, Bericht über den Fachkongress 1984. Bundesverband Legasthenie e. V., Hannover 1985

DUMMER, L.: Legasthenie, Bericht über den Fachkongress 1986. Bundesverband Legasthenie e. V., Hannover 1987

Von zahlreichen positiven Berichten mit der Differenzierungsprobe seien (der leichten Zugänglichkeit halber) erwähnt:

DUMMER, L. und HACKETHAL: Kieler Leseaufbau – Handbuch und Anweisungen. Kiel 1984

EBERLE, G. und REISS, G. (Hrsg.): Probleme beim Schriftspracherwerb. Heidelberg 1987

EGGERT, D. u. a. (Hrsg.): Psychomotorisches Training. Weinheim 1979

ENDRES, WOLFGANG: So macht Lernen Spaß. (6. Auflage) Weinheim 1983

ENDRES, WOLFGANG: Mit Kniff und Pfiff. Weinheim 1985

ENDRES, WOLFGANG: Das Anti-Pauk-Buch. Weinheim 1986

ERLASS: Erlaß zur Förderung von Schülern mit Lese-Rechtschreibschwäche (Legasthenie). In: Nachrichtenblatt Nr. 20/1985 d. KM Schlesw.-Holst.

ERLASS: Richtlinien zur Förderung von Schülern mit isolierter Lese-Rechtschreibschwäche (LRS) vom 19. 7. 91. In: BASS des Landes NW, 14 – 01, Nr.1

FRANKE, BERNHARD: Schülergruppen, Informationen für Schulpsychologen. LSW (Hrsg.), Soest 1986, 7

GALABURDA, A. M. und GESCHWIND, N.: zitiert nach einem Vortrag von GALABURDA auf dem Bundeskongreß Legasthenie 1986. Zusammenfassung dieses Vortrages in DUMMER, L. 1987, S. 17 ff.

GLÄSS, B.: Alphabetisierung in Industriestaaten? Europäische Probleme im Umgang mit den Kulturtechniken Lesen und Schreiben. Bonn 1988

GOTTSLEBEN, REGINA und OFFERGELD, K.: Sprachanbahnung und Sprachförderung. Weißenthurm 1973

GRISSEMANN, H.: Die Legasthenie als Deutungsschwäche. Bern–Stuttgart–Wien 1974

GRISSEMANN, H.: Legasthenie und Rechenleistungen – Häufigkeit und Arten von Rechenstörungen bei Legasthenikern. Bern – Stuttgart – Wien 1974

GRISSEMANN, HANS: Pädagogische Psychologie des Lesens und Schreibens. Huber 1986

GRÜTTNER, T.: Legasthenie ist ein Notsignal. Hamburg 1980, S.23

GÜNTHER, K. B. (Hrsg.): Ontogenese, Entwicklung und Störungen beim Schriftspracherwerb. Heidelberg 1989

GUTEZEIT, G., VIETOR, K.: Untersuchungen zur mon- und biauralen Diskriminationsleistung. Zeitschrift für Kinderheilkunde 1974, 117, 89

GUTEZEIT, G.: Neuropsychologische Aspekte zur zentralen Organisation von Leselernprozessen. Praxis der Kinderpsychologie und Kinderpsychiatrie 1978, 27

HÄGI, H., BÜRLI, A., MATHIS, A. (Hrsg.): Legasthenie. Weinheim 1970

HAMEYER, UWE und WALTER, J.: Software für Lernbehinderten- und Förderpädagogik. Bonn 1988

HEUSS, GERTRAUD E.: Sehen Hören Sprechen. Ravensburg 1973

HINSHELWOOD, J.: Letter- and wordblindness. London 1900

HINSHELWOOD, J.: Congenital wordblindness. London 1917

HOENISCH, NANCY und NIGGEMEIER, E.: Heute streicheln wir einen Baum. Ravensburg 1981

HOLT, J.: Wie Kinder lernen. Weinheim 1971

HORSCH, URSULA und DING, H.: Sensomotorisches Vorschulprogramm für behinderte Kinder. Heidelberg 1981

JUNA, JOHANNA u. a.: Konzentration – kinderleicht. Fördermaterial für die 4. Klasse Volksschule. Wien 1981

JUNA, JOHANNA u. a.: Konzentration – kinderleicht. Fördermaterial für die 5./ 6. Klasse. Wien 1981

KELLER, GUSTAV: Lernen will gelernt sein. Heidelberg 1986

KELLER, GUSTAV: Der Lern-Knigge. Bad Honnef 1986

KELLER, GUSTAV und THEWALT, B.: So helfe ich meinem Schulkind. Heidelberg 1986

KEMMLER, L.: Erfolg und Versagen in der Grundschule. Göttingen 1967

KERN, A: Das rechtschreibschwache Kind. Freiburg 1963

KIPHARD, E. J. und HUPPERTZ, H.: Erziehung durch Bewegung. Dortmund 1987

KIRCHHOFF, H.: Verbale Lese- und Rechtschreibschwäche im Kindesalter. Basel 1964

KIRCHHOFF, H. und PIETROWICZ, B. (Hrsg.): Neues zur Lese- und Rechtschreibschwäche. 2. Aufl. Basel 1967

KLASEN, E.: Problemverständnis bei Legasthenie. In: DUMMER, L., Hannover 1967

KLUGE, G.: Beobachtungen an sprachgestörten Kindern im Hinblick auf die Lese-Rechtschreibschwäche (LRS). Zeitschrift für Heilpädagogik 18, 1967, S.264-267

KMK: Beschluß der KMK vom 20. 04.1987. Gemeinsames Ministerialblatt, 29, Nr. 21

KONIETZKO, CHRISTA: Sing-, Kreis-, Finger- und Bewegungsspiele. Heidelberg 1985

KOSSAKOWSKI, A.: Wie überwinden wir die Schwierigkeiten beim Lesen- und Schreibenlernen, insbesondere bei Lese-Rechtschreibschwäche. Berlin 1962

KOSSOW, H.-J.: Zur Therapie der Lese-Rechtschreibschwäche. Berlin 1972

KRIMM-VON FISCHER, CATHERINE: Rhythmik und Sprachanbahnung. Heidelberg 1986

KUSSMAUL, A.: Die Störungen der Sprache. In: ZIEMSSEN, H. (Hrsg.): Handbuch der Speziellen Pathologie und Therapie, 12, Leipzig (1877).

LANDESINSTITUT FÜR SCHULE UND WEITERBILDUNG (Hrsg.): Sonderschulen und neue Technologien. Soest 1988

LINDER, M.: Über Legasthenie (spezielle Leseschwäche). Zeitschrift für Kinderpsychiatrie, 1951,17,97

MALMQUIST, E. und VALTIN, R.: Förderung legasthenischer Kinder in der Schule. Weinheim und Basel 1974

MANNHAUPT, G. und JANSEN, H.: Phonologische Bewußtheit: Aufgabenentwicklung und Leistungen im Vorschulalter. Preprint Nr.: 11

MERTENS, KRISTA und WASMUND-BODENSTEDT, U.: 10 Minuten Bewegung. Dortmund 1987

MORGAN, W. P.: A case of congenital wordblindness. British Medical Journal,1896, 7, 1378

MÜLLER, ELSE: Du spürst unter deinen Füßen das Gras. Frankfurt am Main 1988

MÜLLER, R.: Ursachen von Lese- und Rechtschreibstörungen. In: HÄGI u. a., Legasthenie, S.46 ff.

MÜLLER, R. G. E.: Die Schreibleseschwäche als neurotoide Legasthenie und als Regressionsphänomen. Zeitschrift für Schule und Psychologie 5, 1958, S.266 ff.

NAEGELE/HAARMANN/RATHENOW/WARWEL: Lese- und Rechtschreibschwierigkeiten – Orientierungen und Hilfen für die Arbeit mit Grundschülern. Weinheim und Basel 1981

NAEGELE, INGRID und VALTIN, R. (Hrsg.): LRS in den Klassen 1 – 10. Weinheim und Basel 1989

140

NAEGELE, INGRID und VALTIN, R.: Rechtschreibunterricht in den Klassen 1 – 6. Grundlagen – Erfahrungen – Materialien. AK Grundschule Heft 56/57. Frankfurt 1984

NAUMANN, CARL LUDWIG: Rechtschreibwörter und Rechtschreibleistungen. Soest 1986

NIEDERSTEBERG, INGRID: Aufbau eines Grundwortschatzes: Klasse 1 und 2. Reihe: Lehrer-Bücherreich: Grundschule. Frankfurt 1986

NIEMEYER, W.: Über sprachliche Fähigkeitsausfälle bei Kindern mit einer Lese-Rechtschreibschwäche (LRS). In: Sprachstörungen und Mehrfachbehinderungen (Hrsg. Deutsche Gesellschaft für Sprachheilpädagogik), Hamburg 1971, S. 162-170

OSANKO, BERNHARD: Handbuch Schulprogramm. Gütersloh 1988

OSANKO, BERNHARD, POLLERT,M.: Pädagogische Konferenzen. Gütersloh 1990

OTT, ERNST: Optimales Lesen. Stuttgart 1970

PENNINGTON und SMITH: zitiert nach einem Vortrag von E. KLASEN auf dem Bundeskongreß Legasthenie 1986. Zusammenfassung dieses Vortrages in DUMMER, L. 1987, S. 37ff.

PIETROWICZ, B.: Über gnostische Mängel bei Lese-Rechtschreibschwächen. In: VELLUTINO, F. R. 5/87

PLICKAT, HANS-HEINRICH: Deutscher Grundwortschatz. (2. Aufl. 1983) Weinheim und Basel 1980

PORTMANN, ROSEMARIE: Wir üben zu Hause – Hinweise für Eltern. In: NAEGELE, INGRID und RENATE VALTIN (Hrsg.): LRS in den Klassen 1 – 10. Weinheim und Basel 1989

PROBST, HOLGER und WACKER, G.: Lesenlernen – Ein Konzept für alle. Oberbiel 1986

RANSCHBURG, P.: Die Leseschwäche (Legasthenie) und Rechenschwäche (Arithmasthenie) der Schulkinder im Lichte des Experimentes. Berlin 1916

RANSCHBURG, P.: Die Lese- und Schreibstörungen des Kindesalters. Halle 1928

REFAY, HASSAN: Stecki 401 – Entspannung und Konzentration durch Geschichten für Jungen und Mädchen ab 5 Jahren. Düsseldorf 1981

RICHTLINIEN für die Grundschule in Nordrhein-Westfalen. Fach Sprache, 1985

RICHTLINIEN zur Förderung von Schülern mit isolierter Lese-Rechtschreibschwäche (LRS) – BASS des Landes NW, 14 – 01, Nr. 1, 1973

RICHTLINIEN zur Förderung von Schülerinnen und Schülern bei besonderen Schwierigkeiten im Erlernen des Lesens und Rechtschreibens BASS des Landes NRW, 14 – 01, Nr. 1, 1991

RUOHO, K.: Einige Ergebnisse des finnischen Versuchs mit der Differenzierungsprobe von Breuer und Weuffen. In: DUMMER 1987

SCHEERER-NEUMANN, GERHEID: Interventionen bei Lese- und Rechtschreibschwäche – Überblick über Themen, Methoden und Ergebnisse. Bochum 1979

SCHENK-DANZINGER, L.: Handbuch der Legasthenie im Kindesalter. Weinheim/Basel 1975

SCHENK-DANZINGER, L.: Legasthenie – Zerebral-funktionelle Interpretation – Diagnose und Therapie. München/Basel 1984

SCHLEE, J.: Zur Erfindung der Legasthenie. Bildung und Erziehung 1974, 27, 289

SCHMALOHR, E.: Psychologie des Erstlese- und Schreibunterrichts. München/Basel 1964

SCHUBENZ, S., BUCHWALD, R.: Untersuchungen zur Legasthenie I. Zeitschrift für experimentelle und angewandte Psychologie 1966, 11, 155

SCHWARTZ, E. (Hrsg.): „Legasthenie" oder Lesestörung? Pro und Contra. Arbeitskreis Grundschule e. V. Frankfurt/M 1977

SIRCH, K.: Der Unfug mit der Legasthenie. Stuttgart 1975

SKOWRONEK, H. und MARX, H.: Theoretischer Hintergrund und erste Befunde. Preprint Nr.: 10

SOMMER, E.: Diktat: Note 6. Stuttgart 1972, S.60

SOMMER-STUMPENHORST, NORBERT: Computerunterstützte Förderung von Schülern mit Lernstörungen und Lernbehinderungen. In: Landesinstitut, Soest 1988

SOMMER-STUMPENHORST, NORBERT: Colli – Computerunterstützte Lehr- und Lernhilfen. Bezug: Klaus Offenberg, Zumlohstr. 1 a, 4410 Warendorf

SOMMER-STUMPENHORST, NORBERT: Handbuch zu den Colli-Programmen (Computerunterstützte Lehr- und Lernhilfen). 2. Auflage, Münster 1991

SOMMER-STUMPENHORST, NORBERT: Legasthenie? Schwarz auf weiß, Heft 1/89

SOMMER-STUMPENHORST, NORBERT: Linkshändige Schüler in der Grundschule. Informationen für Schulpsychologen, LSW (Hrsg.), Soest 1985, 1

SOMMER-STUMPENHORST, NORBERT: Notwendigkeit, Ziele und Grenzen der Legasthenie-Diagnose – Überlegungen zur schulischen Diagnose bei lrs SchülerInnen. In: DUMMER, L. 1987

SOMMER-STUMPENHORST, NORBERT und CHRISTIANI, REINHOLD: Der neue LRS-Erlaß. Schulverwaltung NRW, Heft 11/1991

SPEICHERT, HORST: Richtig üben macht den Meister. Reinbek 1987

SPITTA, G.: Möglichkeiten und Grenzen der Arbeit mit einem Grundwortschatz. In: NAEGELE, INGRID und VALTIN, R. (Hrsg.): Rechtschreibunterricht in den Klassen 1-6. Arbeitskreis Grundschule Heft 56/57

SPITTA, G.: Kinder entdecken Schriftsprache – Lehrer bzw. Lehrerinnen beobachten Sprachlernprozesse. In: VALTIN u. NAEGELE 1986

SPITTA, G.: Kinder schreiben eigene Texte: Klasse 1 und 2. Frankfurt am Main 1988

STEIN, ARNDT: Das Rechtschreibspiel. München 1981

STRAUB, A.: Die Förderung des Legasthenikers in der Schule. Stuttgart 1974

TAMM, HELMUT: Die Betreuung legasthenischer Kinder. Weinheim und Basel 1974

TRIEBEL, HEINZ und MADAY, W.: Handbuch der Rechtschreibübungen. Weinheim 1982

UNIVERSITÄT BIELEFELD: SFB 227, Sonderforschungsbereich Prävention und Intervention im Kindes- und Jugendalter. Teilprojekt A1: Früherkennung und Prävention von Risiken der LRS

VALTIN, RENATE: Nicht nachahmenswert. In: NAEGELE, INGRID und VALTIN, R.: Rechtschreibunterricht in den Klassen 1-6, Arbeitskreis Grundschule, Heft 56/57

VALTIN, RENATE: Einführung in die Legasthenieforschung. Weinheim und Basel 1973

VALTIN, RENATE: Empirische Untersuchungen zur Legasthenie. Hannover 1972

VALTIN, RENATE und NAEGELE, I. M. (Hrsg.): Schreiben ist wichtig. Grundlagen und Beispiele für kommunikatives Schreiben (lernen), Frankfurt 1986, AK Grundschule e. V.

VELLUTINO, F. R.: Legasthenie. Spektrum der Wissenschaft, 5/87

VESTER, F.: Denken Lernen u. Vergessen. Stuttgart 1975

VESTER, F.: Phänomen Streß. Stuttgart 1976

VESTER, F., BEYER, G., HIRSCHFELD, M.: Aufmerksamkeitstraining in der Schule. Heidelberg 1979

VON OY, CLARA MARIA: Montessori-Material zur Förderung des entwicklungsgestörten und behinderten Kindes. Heidelberg 1986

WAGNER, INGEBORG: Aufmerksamkeitsförderung im Unterricht. Frankfurt am Main 1984

WALTER, K.: Über die angeborenen Schreib-Leseschwächen. Schweizer Archiv für Neurologie und Psychiatrie. 1956, 78, 288

WARWEL, KURT: Rechtschreibmaterialien – Rote Karte. In: NAEGELE, INGRID u. a. (Hrsg.): Lese- und Rechtschreibschwierigkeiten. Weinheim 1981

WEINSCHENK, C.: Die erbliche Lese-Rechtschreibschwäche und ihre sozialpsychiatrischen Auswirkungen. Bern 1965

WESTERMANN PÄDAGOGISCHE BEITRÄGE: In Ruhe unterrichten. Heft 12/Dezember 1988

WETTSTEIN, P. und REY, A.: Sinnes- und Sprachförderung. Uster 1981

WIEDEMANN, WERNER: Die Frühdiagnose der Legasthenie – Ein Beitrag zu ihrer präventiven Psychohygiene. Bielefeld 1978

ZIMMERMANN, A. und KNIEST, G.: Prävention von Leselernschwierigkeiten. In: DUMMER, L. 1987, S. 116 ff.

ZUCKRIGL, ALFRED und HELBING, H. und H.: Rhythmik hilft behinderten Kindern. München 1980

Fitmacher für Ihren Unterricht

Lehrer-Bücherei: Grundschule

Die Reihe bietet Anregungen und Praxishilfen, die sich bereits bewährt haben. Alle Bände behandeln Alltagsprobleme in der Grundschule. Hier eine Auswahl – über unser komplettes Programm informieren wir Sie auf Wunsch gern.

Die Herausgeber:
Horst Bartnitzky und Reinhold Christiani

Gisela Süselbeck
Aufbau eines Grundwortschatzes: Klasse 3 und 4
Grundwortschatz – Erarbeitung und Übung – Differenzierung
1996. 112 Seiten mit Abb., Paperback
ISBN 3-589-05018-7

Heinrich Winter
Praxishilfe Mathematik
Didaktik im Überblick – Kreatives Üben Beispiele für die Klassen 1 bis 4
1996. 104 Seiten mit Abb., Paperback
ISBN 3-589-05039-X

Isolde Lenniger
Entspannung und Konzentration
Grundlagen – Ruhe-, Atem- und Körperübungen – Praxishilfen für die Klassen 1 bis 4
1995. 72 Seiten mit Abb., Paperback
ISBN 3-589-05038-1

Bärbel Nicolas
Offener Unterricht zum Schulanfang
Voraussetzungen –
Beispiele für alle Fächer –
Dokumentation der Lernergebnisse
1997. 144 Seiten mit Abb., Paperback
ISBN 3-589-05024-1

Edith Glumpler / Ernst Apeltauer
Ausländische Kinder lernen Deutsch
Lernvoraussetzungen – Methodische Entscheidungen – Projekte
1997. 112 Seiten mit Abb., Paperback
ISBN 3-589-05031-4

Brunhilde Jacobi / Christa Kuhle
Begegnung mit Sprachen
Lerngelegenheiten finden – Begegnungsphasen planen – Authentische Materialien nutzen
1997. 120 Seiten mit Abb., Paperback
ISBN 3-589-05042-X

Gudrun Schulz
Umgang mit Gedichten
Didaktische Überlegungen – Beispiele zu vielen Themen – Methoden im Überblick
1997. 104 Seiten mit Abb., Paperback
ISBN 3-589-05040-3

Hans-Dieter Bunk
Tu was für Natur und Umwelt
Natur beobachten und untersuchen – Umwelt schätzen und schützen – Ideen für alle Jahreszeiten
1997. 96 Seiten mit Abb., Paperback
ISBN 3-589-05044-6

Cornelsen Verlag
Scriptor

Fragen Sie bitte
in Ihrer Buchhandlung!